共青团厦门大学委员会 · 编

理 · 响
——厦门大学"囊萤星火"青年讲师团实录

厦门大学出版社　国家一级出版社
XIAMEN UNIVERSITY PRESS　全国百佳图书出版单位

图书在版编目（CIP）数据

理·响：厦门大学"囊萤星火"青年讲师团实录 / 共青团厦门大学委员会编. -- 厦门：厦门大学出版社，2024.6

ISBN 978-7-5615-9392-9

Ⅰ.①理… Ⅱ.①共… Ⅲ.①社会科学-文集 Ⅳ.①C53

中国国家版本馆CIP数据核字(2024)第102562号

责任编辑　章木良
责任校对　李芮男
美术编辑　李嘉彬
技术编辑　朱　楷

出版发行　*厦门大学出版社*
社　　址　厦门市软件园二期望海路39号
邮政编码　361008
总　　机　0592-2181111　0592-2181406(传真)
营销中心　0592-2184458　0592-2181365
网　　址　http://www.xmupress.com
邮　　箱　xmup@xmupress.com
印　　刷　厦门集大印刷有限公司

开本　720 mm×1 000 mm　1/16
印张　13.5
插页　8
字数　125千字
版次　2024年6月第1版
印次　2024年6月第1次印刷
定价　68.00元

本书如有印装质量问题请直接寄承印厂调换

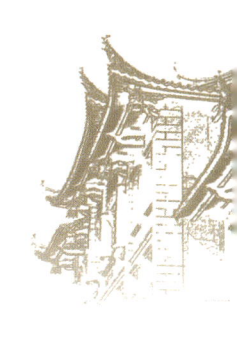

《理·响——厦门大学"囊萤星火"青年讲师团实录》编委会

顾　　问：张　荣　张宗益

主　　编：林东伟　徐进功

副 主 编：洪海松

编　　委：吴光锡　周林琪　郑　音　晏振宇　刘　莹

编　　辑：刘雨婷　杨圆圆　高贵阳　陈茹晴　商兆岩

　　　　　段　颖　林衍含　梁怡婷　徐欣悦　刘雅茹

▲ 张荣书记在团中央书记处第一书记阿东来校调研座谈会上发言
▼ 张宗益校长与厦门大学研究生支教团宣讲骨干合影

▲ 厦门大学"囊萤星火"青年讲师团合影（一）
▼ 厦门大学"囊萤星火"青年讲师团合影（二）

讲什么

创新理论　凝心铸魂

▲ 围绕"四史"专题开展宣讲活动
▼ 围绕学习贯彻党的十九届六中全会精神开展宣讲活动

讲什么

创新理论　凝心铸魂

▲ 围绕庆祝中国共产主义青年团成立 100 周年开展主题宣讲活动
● 围绕学习《习近平与大学生朋友们》系列报道开展主题宣讲活动
▼ 围绕学习宣传贯彻党的二十大精神开展宣讲活动

向谁讲

知行合一　挺膺担当

▲ 录制"强国有我'青年说'"第二季"强国有我　青春向阳"系列微宣讲，并面向宁夏中小学生开展线下宣讲活动
● 参加"让青春绽放绚丽之花"福建青年宣讲党的二十大精神活动
▼ 走进田间地头在大宅社区开展主题微宣讲

向谁讲

知行合一　挺膺担当

▲ 走进厦门市中小学开展理论微宣讲
▼ 组建"星火黔行"暑期实践队赴贵州面向苗族村寨村民开展微宣讲

向谁讲

知行合一 挺膺担当

▲ 走进乡村开设"板凳课堂"
▼ 走进思明区厦港街道面向社区青年开展主题微宣讲

怎么讲

青言青语　声声入心

▲ 融合说书、快板、魔术等形式讲述嘉庚精神
● 采用琵琶演奏形式讲述不同时代下的平凡英雄故事
▼ 化身千年前的"花木兰"讲述光影里的中国青年

怎么讲

青言青语　声声入心

▲ 以亲身经历讲述厦大研究生支教团的故事
▼ 以"剧本杀"形式开展特色宣讲

怎么讲

青言青语　声声入心

▲ 采用现场书法形式讲述中国汉字中所体现的中国智慧和中国精神

▼ 少数民族成员以切身经历与感受讲述民族团结的石榴籽故事

（本书所有图片均由共青团厦门大学委员会提供）

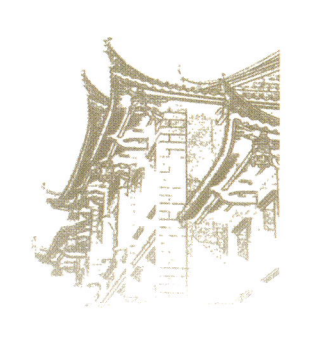

扫二维码观看
厦门大学"囊萤星火"青年讲师团宣讲微视频

序　言

　　党的十八大以来，以习近平同志为核心的党中央高度重视加强和改进高校思想政治工作，把高校思想政治工作置于我们党治国理政全局的战略地位，作为一项重大政治任务和战略工程予以统筹，全面开创了新时代高校思想政治工作新局面。共青团作为广大青年在实践中学习中国特色社会主义和共产主义的学校，面向新时代思想政治教育新形势，必须坚持以习近平新时代中国特色社会主义思想为指引，聚力用党的科学理论武装青年，用党的初心使命感召青年，用党的光辉旗帜指引青年，用党的优良作风塑造青年。

　　南强巍巍，学海泱泱。百余年来，在党的旗帜引领下，厦门大学与党同心，同向同行，烙下浓墨重彩的红色印记。习近平总书记在致厦门大学建校100周年贺信中充分肯定了学校的优良传统和办学成效，希望学校全面贯彻党的教育方针，切实落实立德树人根本任务，为党育人、为国育才，与时俱进建设世界一流大学，全面提升服务区域发展和国家战略能力，为增强中华民族凝聚力和向心力，为全面建设社会主义现代化国家、实现中华民族伟大复兴的中国梦作出新的更大贡献。

殷殷嘱托，言犹在耳；责任在肩，使命光荣。为深刻学习领会习近平总书记关于青年工作的重要思想，贯彻落实习近平总书记致厦门大学建校100周年贺信精神，加强青年团员思想引领，学校于2021年5月正式组建成立厦门大学"囊萤星火"青年讲师团，聚焦推进党的创新理论青年化阐释，围绕"精准思政"育人目标，以"青春思政微课"宣讲品牌为重要抓手，创新运用"青年讲给青年听，让青年引领青年"的朋辈教育方式和"时代导向+时政故事+时尚表达"的青年宣讲模式，着力讲好"青年话"、凸显"青年味"，形成青年理论武装工作往深里走、往心里走、往实里走的理论宣讲新品牌。三年来，讲师团常态化开展理论宣讲350余场次，覆盖青年学生和校外社区干部群众4万余人次；开发推出"学习《习近平与大学生朋友们》系列采访实录""学习《习近平在厦门》"等7大系列、90余个"宣讲菜单"。团队成员荣获福建省高校思政微课大赛特等奖、"让青春绽放绚丽之花"福建青年宣讲党的二十大精神活动总决赛一等奖等荣誉，入选"福小宣"青年宣讲团、福建省习近平新时代中国特色社会主义思想研究中心新思想青年宣讲团、厦门市青年宣讲团等，在校内外产生了积极影响和示范效应。

回顾厦门大学"囊萤星火"青年讲师团的宣讲事迹，也是在记录一代代青年用声音播下的青春种子、用步履镌刻的动人瞬间。从"百年初心成大道"到"踔厉奋发新征程"，从"闽山闽水物华新"到"青春逐梦正当时"，他们在话语方式通俗化、宣贯形式大众化、传播手段时代化等方面不断探索，努力用"青言青语"传播党的声音，把课堂搬到青年身边，把道理讲到学生心田，打通思政教育的"最后一公里"。涓涓细流成大海，点点星光聚成炬。那些以青春奔赴万丈理想的故事持续上演，这本浸润爱国底色和厦大本色的青春纪念册仍在书写。

站在新的历史起点上，全校上下正坚持以习近平新时代中国特色社会主义思想为指导，以习近平总书记致厦门大学建校100周年贺信精神领航，深入学习贯彻党的二十大精神，贯彻落实学校第十二次党代会精神，加快建设中国高等教育东南中心，不断开创中国特色世界一流大学建设新局面。新征程上，厦门大学"囊萤星火"青年讲师团将在校党委的坚强领导下，在校团委的有力指导下，牢记嘱托、勇毅笃行，用马克思主义中国化时代化最新成果武装头脑，教育引导广大团员和青年深入学习贯彻习近平新时代中国特色社会主义思想，在推进强国建设、民族复兴伟业中展现青春作为、彰显青春风采、贡献青春力量，奋力书写为中国式现代化挺膺担当的青春篇章！

厦门大学党委书记
中国科学院院士
2024年6月

目　录

源·囊萤诞生记　　1

聚·星火宣讲集　　11

总　述　　13

百年初心成大道　　17

刘雨婷：万水千山，最美中国道路　　20

车晓轩：心之所向，无问西东　　29

龚　晓：敢于斗争是中国外交的精神品格　　36

朱雪晴：中国桥梁映射党的百年奋斗史　　43

商兆岩：烽火里的"意外遇见"　　52

踔厉奋发新征程　　　　　　　　　　　59

潘月涵：青春赛道上的一粒好种子　　　62

刘一静：强"核"科技，点亮国家新名片　　68

陈茹晴：从此刻，向未来，"手"护健康中国梦　　78

杨圆圆：从汉字中窥见中华文化的"精气神"　　86

闽山闽水物华新　　　　　　　　　　　95

安鸿洁：茶乡来了总书记　　98

林衍含：绘就"只此青绿"的美丽中国新画卷　　104

梁怡婷：刻在闽南人 DNA 里的"爱拼才会赢"　　113

尤培林：守江山，守的是人民的心　　122

青春逐梦正当时　　　　　　　　　　　131

石　浩：青春，不以山海为远　　134

冯巧梅：光影里的青年故事　　139

许　薇：每一个这样的你我，都是英雄　　145

方瑞妍：新时代青年当用志气、骨气、底气书写科技担当　　152

丁颖洁：让青春在乡村振兴的广阔舞台上"起舞"　　159

传·青春工作志 167

新华网：强国有我　青春向阳

　　——这些故事感染着我们 171

中国青年网：厦门大学：青年微宣讲让六中全会精神

　　"声"入人心 172

中国新闻网：手风琴里的山海情缘：厦门大学青春音乐党课

　　赴宁夏巡演 176

全国高校思想政治工作网：厦门大学"囊萤星火"青年讲师团

　　党史专题宣讲集体备课会召开 179

《福建日报》：宣讲舞台掀起青春风暴 182

《贵州日报》：党史宣讲要讲进百姓心坎里

　　——厦门大学"囊萤星火"青年讲师团走进台江县老屯乡报效村 190

《宁夏日报》：厦大讲师团为宁夏4万师生"云端"宣讲 194

福建省学联公众号：读懂习近平总书记讲给青年的"知心话"

　　——厦门大学开展《习近平与大学生朋友们》系列报道

　　"青年微宣讲"活动 198

后　记 203

源·囊萤诞生记

2021年5月，在厦大百年校庆之后，由共青团厦门大学委员会发起，组建了厦门大学"囊萤星火"青年讲师团。

"囊萤"二字于厦门大学有着特殊的意义。1926年2月，厦门大学囊萤楼111室宿舍，罗扬才、罗秋天、李觉民三位共产党员热血激昂，在这里举行秘密会议，建立了福建省第一个党支部——中共厦门大学支部，罗扬才任首任支部书记。由此点燃起的红色星火渐成革命火炬，照亮了闽南、闽西地区，书写了厦门乃至福建的现代革命史中崭新的一页。彼时，中华民族正举步维艰、危机重重，而作为一所与中国共产党同一年诞生的高等学府，厦门大学汇聚了一批又一批以爱国报国为己任的优秀青年，一届又一届厦大学子立下鸿鹄之志，把为中华民族伟大复兴而奋斗作为人生信念，以他们的青春和激情赋予"囊萤"非同一般的意义。如今，作为校园里最古老的建筑之一，囊萤楼成为厦门大学马克思主义学院的办公楼和新一代厦大人传承红色基因、传播共产主义思想与信念的沃土。

囊萤之光，恰如星星之火。如今，新百年征程中的厦大青年学子，以火焰般的激情学习宣传党的创新理论，聚焦讲述青春奋斗故事，以小切口讲述大主题，表达上融入说书、器乐演奏、剧本杀等时尚形式，"青年讲、讲青年、青年听"，让党的创新理论充满"青年范儿"，赋予了"囊萤"以新的时代内涵；他们进支部、进社区、进网络，不拘泥于地点和舞台，"青年在哪里，宣讲就在哪里"，如星火般散落，在党的创新理论和青年大学生之间架起一座学习传播的桥梁，打通理论宣讲"最后一公里"，"囊萤星火"青年讲师团由此得名。

成立之初，"囊萤星火"青年讲师团便制定了"高标准选拔、高质量建设、高要求培养"的遴选要求，要求"小囊萤们"以囊萤之志、星火之光，赓续红色血脉。"囊萤星火"青年讲师团采取个人报名和学院推荐相结合、横向选拔＋纵向推荐的双向招募模式，严把推荐关，重点从退役大学生、研究生支教团、"中国大学生自强之星"、"中国青年五四奖章"获得者、理论社团骨干等优秀青年群体中，精心挑选政治立场坚定、理论素养过硬、个人事迹突出、宣讲能力优秀的青年代表，在选拔上既凸显广度，也着力于"优中选优"，打造示范性宣讲队伍。

"士不可以不弘毅，任重而道远。"在不断努力下，"囊萤星火"青年讲师团已成功培养了4批优秀青年讲师，拥有骨干成员50名，组建起了具有厦大特色的理论宣讲"轻骑兵"队伍。

为更好地武装这支队伍，"囊萤星火"青年讲师团建立"理论集训＋实践研学＋备课打磨＋试讲演练"四位一体协同培训体系，打造"理论宣讲提升工作坊"课程体系，聘请厦门大学关工委老同志担任讲师团专家顾问，组建由厦门大学马克思主义学院专业教师、各学院党务秘书、优秀共青团干部和厦门广电播音员等组成的指导教师

团队。一方面原原本本学理论，开展集体备课会，例如开展"学习宣传贯彻党的二十大精神理论宣讲"集体备课会等，"小囊萤们"在指导教师们的谆谆教诲下深刻领会党的二十大精神，深刻领会党对青年一代的殷切期望和对青年工作的高度重视；另一方面扎扎实实长本领，提升宣讲舞台技巧，邀请厦门广电集团著名播音员、朗诵艺术家为"小囊萤们"进行宣讲发声技巧等相关专业培训，邀请中共厦门市委讲师团讲师做示范宣讲展示，多措并举提升宣讲的理论高度和实践水平。此外，"囊萤星火"青年讲师团还按照讲师的选题方向和专长特点，划分为不同课题组，由各课题组定期组织成员开展如"重走习近平总书记的考察调研足迹"等调研实践活动，丰富宣讲素材，为开展宣讲奠定坚实基础。

在宣讲内容安排上，"囊萤星火"青年讲师团注重"因人选题""量身定制"，把讲师团成员个人扎根基层探索实践、建功立业的真实经历作为现实教材，采取"个人事迹+思考感悟"的方式，将习近平总书记对新时代青年为梦想而奋斗的寄语，转化成一个个生动朴实、有血有肉、能够引发青年共鸣的鲜活故事。每个微宣讲时长控制在10~15分钟，搭配相得益彰的背景音乐，穿插富有冲击力的短视频，具象化讲述鲜活故事。在形式上，融合朗诵、辩论、演唱、快板、魔术、戏曲、器乐演奏等青年喜闻乐见的时尚元素，变"单一说教"为"生动说唱"，让青年在欢声笑语中有所感、有所思，将党的理论宣讲变得富有温度。"小囊萤们"更是自主开发了以红色"剧本杀"为形式的宣讲，通过巧妙的游戏设计让听众主动思考、解谜"通关"，大大强化了听众的沉浸式体验。

"囊萤星火"青年讲师团不断在校内搭建多种特色宣讲平台，致力于让党的创新理论在更多的青年之间传播。以青年大学生为主要受众对象，深入"一站式"学生社区和大学生宿舍开设"微课堂"，在主题团日活动中面向青年团员上好"小课堂"，登上党校讲台面向千余名入党积极分子举办"大课堂"，打造"青春思政微课"青年理论宣讲品牌。通过搭建线上线下双向平台，借助"两微一端"等新媒体平台，打造24小时全天候"云课堂"，不断增强青年理论宣讲的引领力、吸引力、凝聚力，进一步扩大理论宣讲的覆盖面和受益面。

暑期社会实践一直是厦门大学完善人才培养模式、促进学生全面发展的重要突破口，"囊萤星火"青年讲师团更是以此为契机，深入贵州黔东南苗族侗族自治州苗族村寨，宁夏回族自治区闽宁镇、隆德县等地，因地制宜举办"板凳课堂""红色喇叭""手风琴音乐党团课"等特色宣讲，与当地群众百姓进行交流互动，在基层一线传播青年声音。

为更好调动"小囊萤们"的积极性,"囊萤星火"青年讲师团实施"能进能出"的动态调整机制,在成员考评上凸显力度;建立信息数据库,对成员参与研究、宣讲场次、宣讲效果等进行跟踪记录和客观评价。采用"讲师自评+团内互评+导师点评+受众反馈"的全方位评价模式,定期收集记录成员的工作成效和服务对象评价。健全激励考核制度,如为入选讲师团的成员颁发聘书;开展优秀宣讲案例、精品课评选等活动;推荐优秀成员作为上级青年讲师团的后备师资;优先推荐参加省市高校思政微课大赛、青年微宣讲大赛等活动。通过学校及社会媒体平台,对"小囊萤们"的工作情况、典型人物、先进事迹进行广泛传播,营造"比学赶超"的良好氛围,着力培养一批"明星讲师"和"明星课堂"。

业精于勤,行成于思,"囊萤星火"青年讲师团育人育己成效颇丰。"小囊萤们"参与理论宣讲青春成长类微纪实节目《百年恰是风华正茂》,福建省高校思政微课大赛,"喜迎二十大 青年'说'变化"福建青年演讲比赛,"让青春绽放绚丽之花"福建青年宣讲党的二十大精神活动,"习近平与福建教育故事"宣讲大赛,第十六届"挑战杯"福建省大学生课外学术科技作品竞赛"红色专项"活动,第六届中国青年志愿服务项目大赛等,均取得了优异成绩,累计荣获宣讲类奖项30项。其中青年理论微宣讲项目获第六届中国青年志愿服务项目大赛银奖,厦门大学"囊萤星火"青年讲师团获评2022年度全省"基层理论宣讲先进集体"，获评2024—2025年福建省"省级理论进基层示范点"。

"小囊萤们"积极参与暑期社会实践活动，在此过程中形成了全国脱贫攻坚示范村治理经验调研报告、苗族建筑格局专题报告以及原创MV《星火黔行》等实践成果，获评2021年全国大中专学生志愿者暑期"三下乡"社会实践活动优秀团队，打造了特色鲜明的理论宣讲"轻骑兵"队伍和"青春思政微课"理论宣讲品牌。

"囊萤星火"青年讲师团的宣讲活动也获得了众多主流媒体的报道，包括央视新闻、光明日报、新华网、学习强国、中青网、福建日报、宁夏日报、贵州日报等媒体，总计超过100次。此外，讲师团经验做法2次入选中宣部《党史学习教育简报》，入选《共青团推进习近平新时代中国特色社会主义思想"青年化"阐释工作案例选编》，充分显示了"囊萤星火"青年讲师团为推动党史学习教育及党的创新理论阐释与解读中所做的出色工作。

"小囊萤们"在宣讲中也逐渐打造和传播了个人的品牌形象，成为校内外的先进典型，多人入选省市级青年讲师团，在更大更高的平台上发挥作用、彰显价值。

"聚是一团火，散是满天星。""星火"象征团队的使命和愿景，激励青年学生自强不息、勇于追求，像满天星一样散落在青年群体中，像火焰一样充满激情和力量，传播党的创新理论。

厦门大学"囊萤星火"青年讲师团始终以囊萤之志、星火之光，做在新时代传播党的创新理论的"火种"，用党的创新理论统一思想、统一意志、统一行动，引领广大青年坚定不移听党话、跟党走，激发新时代青年在强国建设、民族复兴伟业中挺膺担当。

聚·星火宣讲集

总　述

厦门大学"囊萤星火"青年讲师团自2021年5月成立以来，坚持做"党的创新理论与青年大学生之间的桥梁"，"小囊萤们"积极钻研党的理论方针政策，求真学问、练真本领，结合自身特色和优势，努力做到知行合一，精心打磨宣讲作品，担负起历史赋予新时代青年的光荣使命。

在宣讲作品的精神内核上，"囊萤星火"青年讲师团始终坚持把握正确的政治方向。在正确的方向指引下打造精品课程，这就需要具备扎实的理论基础。为此，学校为"囊萤星火"青年讲师团配备了优秀的数名培训专家作为指导老师，定期为成员提供理论知识和宣讲技能教学，从确定宣讲主题和题目，到经典案例选择，再到文本逻辑梳理和行文语言美化，全程精心指导。

在保证宣讲理论先进、方向正确的前提下，如何实现宣讲内容"干货"满满并且充满吸引力，这对"小囊萤们"来说是一项重要考验。以往枯燥的、千篇一律的说教式灌输宣讲，让很多人对理论宣讲有了疏离感，甚至贴上了无趣的标签，而在"囊萤星火"青年讲师团看来，打破这种刻板印象的关键就在于关注同龄人、强化代入感。除了传统的经典理论类和党史宣讲类主题外，"小囊萤们"紧密结合社会热点和青年需求，宣讲内容大到百年征程、强国科技、政治道路，小到青春创业、生活技能、个人发展，用实实在在的内容回应青年关心的各类现实问题。

此外，"小囊萤们"也充分结合自身专业背景、成长环境、实践经历、兴趣爱好、职业规划等因素，用生活化的语言讲理论，以轻松灵动的宣讲打通理论到实践的路径。他们中有的擅长乐器，便选取一段经典乐曲并以现场演奏的方式开场，以音乐带动听众身临其境；有的自幼生活在被誉为莆田"母亲河"的木兰溪旁，亲眼见证了其在习近平总书记生态文明思想指引下发生的惊喜蜕变，便以此为题讲述绿色发展、环境保护的重要性；有的是厦门大学研究生支教团的成员，在宣讲中倾情阐述了自己从南国海滨到北疆戈壁，以青春之力书写闽宁协作的新时代"山海情"的动人故事；有的是中国农业"袁梦计划"亲身参与者，通过一束稻穗讲述青年科技工作者扎根试验田、延续袁隆平院士"禾下乘凉梦"的奋斗历程……

依托厦门大学文社理工医学科齐全的优势，"小囊萤们"注重结合学科背景，始终坚持用青春视角、青年话语，让党的创新理论飞入寻常百姓家，让青年奋进故事浸润每一个人的心田。经过指导老师们和"小囊萤们"的精心打磨和用心诠释，立足中国发展与青春奋斗两条主线，精选18个精品宣讲课程，形成了包含四大系列在内的"青春思政微课"理论品牌：系列一"百年初心成大道"以"四史学习"为主题，以史为镜、以史明志，通过重要论述学习促使听众知史爱党、知史爱国；系列二"踔厉奋发新征程"以"强国复兴"为主题，结合中国部分领域所取得的卓越成就，深刻阐释中国式现代化内涵；系列三"闽山闽水物华新"以"学习习近平新时代中国特色社会主义思想"为主题，坚持科学思想引领，宣讲党的创新理论；系列四"青春逐梦正当时"以"新时代青年挺膺担当"为主题，将理论宣讲落到实处，明确新时代青年人的使命担当，鼓励当代中国青年以轩昂之锐气奋力书写为中国式现代化挺膺担当的青春篇章。

一届届"囊萤星火"青年讲师团成员薪火相传，以人民为中心讲好中国故事，用实干担当践行青年使命。通过丰富的宣讲内容、创新的宣讲形式，以及青年人特有的思维方式、话语体系，赋予宣讲以真情和温度，依托"青春思政微课"品牌，进一步推动青年理论宣讲走"新"更走"心"。

百年初心成大道

2021年是中国共产党成立100周年。百年来，在中国共产党的坚强领导下，中国从半殖民地半封建社会转变为新民主主义社会，再到社会主义社会；从积贫积弱到百废待兴，再到成为世界第二大经济体，中华民族终于迎来了从站起来、富起来到强起来的伟大飞跃……回顾百年，我们深刻感受到了一代代共产党人矢志不渝的坚定初心，也正是在初心的引领下，一代代中华儿女迎难而上、砥砺前行，在经济建设、科技创新、文化交流、人类发展等领域中创造了一个又一个人间奇迹，铸就了不平凡的历史大道，开创了中华民族伟大复兴的新篇章。

本系列"青春思政微课"围绕中国共产党党史、新中国史、改革开放史和社会主义发展史，选择百年间代表性事件与人物，追寻革命烈士筚路蓝缕、追求真理的信仰之路，讴歌革命英烈前赴后继、无怨无悔的非凡人生，赞颂无数前辈在不同领域披荆斩棘、阔步前行的不屈意志，生动再现党和人民血肉相连、携手奋进的光辉历程。

厦门大学马克思主义学院刘雨婷在宣讲"万水千山，最美中国道路"时围绕中国式现代化发展道路，生动阐述道路的信仰之美、奋斗之美、初心之美和使命之美；厦门大学法学院车晓轩在宣讲"心之所向，无问西东"时围绕方志敏和张富清的英雄事迹，向大家诠释了三十二字伟大建党精神的深刻内涵；厦门大学外文学院龚晓通过"敢于斗争是中国外交的精神品格"微宣讲，讲述时隔120年截然不同的中国外交故事，更加坚定中国特色大国外交新指引；厦门大学建筑与土木工程学院朱雪晴在宣讲"中国桥梁映射党的百年奋斗史"时以杭州钱塘江大桥、南京长江大桥和港珠澳大桥等为例，再现中国桥梁建设者们逢山开路、遇水架桥的平常而不平凡的奋斗历程；厦门大学管理学院商兆岩在宣讲"烽火里的'意外遇见'"时中以"遇见"为切入点，以娓娓道来的说书形式讲述厦门大学校主陈嘉庚先生与中国共产党的"意外遇见"，揭示了"江山就是人民，人民就是江山"的深刻道理。

岁月如梭，百年风雨兼程。回望过往奋斗路，眺望前方奋进路，"囊萤星火"青年讲师团努力把党的历史学习好、总结好，把党的宝贵经验传承好、发扬好，铭记奋斗历程、担当历史使命，从党的奋斗历史中汲取前进力量，在新的历史征程上，坚定不移听党话、跟党走，传承初心，续写壮丽篇章，向着下一个光辉的百年启航。

万水千山，最美中国道路*

厦门大学马克思主义学院　刘雨婷

从脚下出发，路能通往山川河流；从民心民意出发，路能回应群众期盼；从新的历史起点出发，路能通往辉煌未来。走过万水千山，中国道路美在信仰、美在奋斗、美在初心、美在使命。

方向决定道路，道路决定命运。党的二十大报告旗帜鲜明地指出："实践告诉我们，中国共产党为什么能，中国特色社会主义为什么好，归根到底是马克思主义行，是中国化时代化的马克思主义行。"站立在九百六十多万平方公里的广袤土地上，吸吮着中华民族五千年漫长奋斗积累的文化养分，拥有十四亿中国人民聚合的磅礴之力，

---

* 此宣讲作品曾在2022年12月"奋斗正值青春　强国复兴有我"——厦门大学学习宣传贯彻党的二十大精神"青春思政微课"、2023年3月"闽山闽水物华新　青春逐梦新征程"——厦门大学"囊萤星火"青年讲师团"青春思政微课"、2023年4月厦门大学化学化工学院第十八期学生骨干培训暨团校第十三期学习班、2023年5月厦门大学"囊萤星火"青年讲师团走进厦门一中宣讲活动、2023年5月厦门大学"囊萤星火"青年讲师团走进演武小学"青春思政微课"上进行微宣讲，并录制微宣讲视频作为厦门大学团员和青年主题教育专题学习"挺膺担当"。

我们走出一条中国式现代化道路，具有无比广阔的时代舞台，具有无比深厚的历史底蕴，具有无比强大的前进定力。

一、科学理论指导的信仰之美

信仰之美源于科学理论指导，为中国道路指明方向。一个民族要走在时代前列，就一刻不能没有理论思维，一刻不能没有正确思想指引。我们曾在苦难的深渊中彷徨，洋务运动、戊戌变法、辛亥革命……各种方案轮番试验，却又屡屡化为泡影。先进的、不屈的中国人经过反复比较、反复推求，选择了马克思主义作为救国救民的道路，作为矢志不渝的志向。

1920年8月22日，上海霞飞路新渔阳里6号，8位平均年龄25岁的年轻人聚集在一起，成立了上海社会主义青年团。这是中国最早的青年团组织，也是一次"主义的集结"。8人中，有6位是共产主义小组的成员，包括21岁的俞秀松、施存统，30岁的李汉俊，还有《共产党宣言》首个中文全译本翻译者陈望道。他们来自五湖四海，操着南腔北调，怀揣着开创新世界的理想，誓师出发。

此时，《共产党宣言》首个中文全译本刚刚出版，初印1000册即刻售罄，之后6年内重印再版达17次之多。这本只有28000多个汉字的小册子，成为中国共产主义者创造信仰奇迹的思想起点。陈望道后来回忆说,《共产党宣言》让青年们懂得,辨别新旧事物有一个更高的辨别准绳,这更高的辨别准绳便是马克思主义。

彼时的中国,正需要这样一种众望所归的信仰。一年后13位风尘仆仆的青年自各地赶到上海,叩响了望志路106号的门环,也叩响了新世界的大门。一个马克思主义政党就是从这里启航,穿越重重关山,奋进漫漫征途,书写了改天换地的壮丽史诗。

二、历史与人民正确选择的奋斗之美

奋斗之美源于历史与人民的正确选择,为中国道路开辟力量源泉。中国道路不同于苏联道路,更与资本主义国家的发展道路有着本质区别,是历史发展的必然和人民的最终选择。中国道路以正确认识国情和深刻把握时代主题为基础,广大人民群众既是中国道路的建设者,也是受益者,更是支持者。道路意味着方向,更承载着精神,一条跨越半个多世纪修建而成的成昆铁路就是道路自信最生动的印证。

1964年,党中央决定将一部分与国防有关的电子、能源、航空、兵器等工业迁入西南腹地,三线建设由此开始。18岁的陈善全毅然抛下新婚妻子,坐了七天七夜的车挺进大凉山,与他一路的,还有成昆线上的30万筑路大军。位于凉山彝族自治州喜德县的沙马拉达隧道,是当时全国最长的铁路隧道，而陈善全的工作，便是靠人工把木料抬到洞子里，再抬到斗车上。就这样，6.4公里长的沙马拉达隧道，他们挖了整整6年。

2016年，为满足经济社会发展需要，成昆铁路复线工程上马，"90后"隧道人李恒和外公陈善全一样，来到了全线最长的隧道项目——小相岭隧道。从沙马拉达到小相岭，距离30公里，时隔50多年，祖孙俩的青春在这里重叠。筑路、守路、通路、新路，跨越半个世纪，老一辈人的创举与新一代青年的奋斗在祖国的大西南交相辉映。

历史铸成这样一个事实：成昆铁路，不仅仅是一条铁路。作为服务民族地区、助推地方经济、巩固国防建设的钢铁大动脉，成昆铁路承载着成昆精神，串起了沿线群众的幸福生活。5619次、5633次"小慢车"与成昆线同龄，也被称为"扶贫列车"，穿行于大凉山腹地，"小慢车"为大凉山带来了生机，也把大凉山的故事带向远方。

三、中国共产党人为民情怀的初心之美

初心之美源于中国共产党人的为民情怀，为中国道路积蓄力量。"党员干部只有胸怀天下、志存高远，不忘初心使命，把人生理想融入党和人民事业之中，把为人民幸福而奋斗作为自己最大的幸福，才能拥有高尚的、充实的人生。"这是习近平总书记在2022年春季学

期中央党校中青年干部培训班开班式上对广大党员干部的殷切期望。

"我是人民的勤务员",这是一个共产党人的誓言。扛起自行车过滹沱河,端起乡亲们的满是茶垢的杯子喝水,自己掏钱让赤脚的老乡去买鞋……在习近平工作过的地方,乡亲们从点点滴滴中读懂了中国共产党。1985年,习近平从河北正定来到改革开放的前沿城市福建厦门时,领导制定了《1985—2000年厦门经济社会发展战略》。担任宁德地委书记时,他几乎走遍所有的乡镇,不断探索"弱鸟先飞"的路子。担任福州市委书记时,他推动建设"海上福州"、保护"城市文脉"、倡导"马上就办"……

履职福建省委副书记期间,习近平深入"苦瘠甲天下"的西海固调研,体会到什么叫"家徒四壁",一户人家唯一的财产是挂在房梁上的一团发菜。他盯住对口帮扶,推动"闽宁协作"在宁夏大地结出丰硕成果。2016年再到宁夏闽宁镇,习近平总书记特意叮嘱,让车绕着镇子转一圈。时光带走了贫穷的痕迹,处处是红瓦白墙、嬉闹的孩童,他的目光久久望向窗外,仔仔细细把那里看了个遍。在总书记眼里,千家万户的千头万绪就是大事。

四、中华民族伟大复兴的使命之美

使命之美源于中华民族伟大复兴的历史伟业,为中国道路擘画蓝图。百年初心如磐、苦难中铸就辉煌、挫折后毅然奋起、探索中收获成功、转折中开创新局、奋斗后赢得未来，在中国共产党的坚强领导下，我们走出了一条中国式现代化道路。习近平总书记在党的二十大报告中进一步深刻指出，中国式现代化是人口规模巨大的现代化，是全体人民共同富裕的现代化，是物质文明和精神文明相协调的现代化，是人与自然和谐共生的现代化，是走和平发展道路的现代化。从"连铁钉和火柴都需要进口"到"神舟飞天""嫦娥奔月"，我们走出了一条强国之路。"骑着毛驴上北京"写就不老故事，"坐上火车去拉萨"飞扬新的诗意，我们走出了一条幸福之路。"东亚病夫"的屈辱一去不返，"中华人民共和国公民"成为最"燃"宣言，我们走出了一条自信之路。"和平共处五项原则"赢得普遍赞同，"人类命运共同体"彰显博大胸襟，我们走出了一条开放之路。

今天的新时代之新，开启了新的历史方位、新的发展阶段，也意味着新的社会矛盾、新的使命任务。面对时代之问、人民之问、中国之问、世界之问，我看见，在中国道路上奋力奔跑的每一个小小英雄。从风雨无阻、辛勤劳作的农民兄弟，到走街串巷、不停奔忙的快递小哥；从日夜不息、挥汗如雨的建筑工人，到矢志创新、勇攀高峰的科研工作者……每个中国人都把个人对美好生活的向往、对人生出彩的渴望，深深熔铸于新的历史征途中。

历史接力一棒接着一棒向前奔跑，党和国家事业一程接着一程向前推进。寻路，是一个民族的矢志追求；筑路，是人民群众的坚实步伐；守路，是共产党人的如磐初心；新路，绘就伟大复兴的壮美画卷。万水千山，最美中国道路！

参考文献

1.张润峰，梁宵."中国道路"叙事话语的体系建构：现代化、民族复兴、社会主义、改革开放与和平发展［J］.社会主义研究，2024（1）:8-16.

2.谢岳.国家转型的中国道路：一项比较历史分析［J］.学术月刊，2023，55（12）:62-72.

3.董振华.伟大建党精神的科学内涵与时代价值［J］.红旗文稿，2021（14）:16-20+1.

4.张志丹.伟大建党精神的多维诠释［J］.马克思主义理论学科研究，2021，7（7）:32-41.

5.习近平著作选读：卷1［M］.北京：人民出版社，2023.

6.习近平著作选读：卷2［M］.北京：人民出版社，2023.

7.习近平著作选读：卷3［M］.北京：人民出版社，2023.

8.习近平著作选读：卷4［M］.北京：人民出版社，2023.

囊萤有话

作为一名"00后",今年是我开展宣讲的第三个年头,从党的十九届五中全会、庆祝中国共产党成立100周年、党的十九届六中全会、党的二十大到庆祝中国共产主义青年团成立100周年,很幸运,我是一个伟大时代的亲历者、见证者、讲述者。作为一名马克思主义学院的学生,在我看来,理论宣讲要避免枯燥乏味,关键在于一个"真"字,坚持用真情感染人、用真实打动人,将专业学习和理论宣讲结合起来,形成双向互动,宣讲效果也就自然水到渠成了。在准备"万水千山,最美中国道路"这一"青春思政微课"时,我将切入点放在"路"这一具体形象上,以信仰之美、奋斗之美、初心之美、使命之美为方向指引,讲述先进知识分子寻找马克思主义道路、中国人民独立自主建设成昆铁路、习近平总书记在闽工作的人民情怀之路和中国共产党开辟中国式现代化道路的故事。

从稿件打磨、PPT制作到正式呈现宣讲，只有短短10天的时间，第一次宣讲面对的便是4万余名师生，可以说整个过程具有一定挑战性，但每一次经历对我来说都是一次锻炼和成长。我希望可以用厦大学子的青春之声来更多地阐释党的创新理论，也感谢"囊萤星火"青年讲师团给予我这样的舞台。

"青"说囊萤

2021年在少数民族预科班就读时，我就听过"囊萤星火"青年讲师团的宣讲，给我的印象就是宣讲形式新颖、故事讲述生动、理论宣讲有效，学长学姐们分享的一个个故事都真真切切地走进了我的心坎里。党的二十大结束后，我听过很多场专家理论报告，但这是我第一次听青年学生宣讲党的二十大精神，感受很不一样。"万水千山，最美中国道路"这一"青春思政微课"让我发现，原来抽象的理论可以展现得如此生动。"四条路"中，印象最深刻的是祖孙俩修建成昆铁路的故事，让我看到了老一辈人和新一代青年奋斗精神的传承，这一条铁路不仅仅是一条具象的路，更是全体人民共同富裕的中国式现代化的生动缩影。

厦门大学化学化工学院　阿迪力江·阿力木

心之所向，无问西东[*]

厦门大学法学院　车晓轩

电影《无问西东》中有一句台词："如果提前了解了你们要面对的人生，不知你们是否还会有勇气前来。"那么，就让我们一起来重温和感悟，革命先辈用坚定的马克思主义信仰为这句话给出的人生答案。

1921年7月，上海的夜色深沉，13位刚从五湖四海集结而来的人在法租界望志路106号的一座房子里开会。会议一波三折，后来转移到了嘉兴南湖的一艘游船上进行。但他们最终商讨成了一件事——要有一个坚强的领导核心，来拯救风雪中在街头挨饿受冻的无辜百姓，消灭名为救国实为升官发财的封建官僚，阻止完整的国家被肆

---

[*] 此宣讲作品曾录制中共福建省委宣传部、中共福建省委教育工委、厦门大学、中共福建省委讲师团联合主办的"'强国有我'青年说"第二季"强国有我　青春向阳"微视频。现场版作品曾在2021年12月"百年初心如磐　强国一代有我"——厦门大学学习贯彻党的十九届六中全会精神青年微宣讲活动、2023年5月厦门大学"囊萤星火"青年讲师团走进厦门一中活动上进行宣讲。

意分割践踏；要建立一个用马克思主义学说武装起来的先进政党，一个用共产主义真理引领国家奔赴光明的先锋组织。

这一年，中国共产党仅有58名党员。但工人运动中那一句"打倒列强除军阀"的口号，吸引了一批又一批有志青年前来追随，这其中就包括了方志敏。

1924年，25岁的方志敏正式加入了中国共产党，在赣东北开展农民运动，组织武装斗争，参与创立了银行、股票、贸易一应俱全的革命根据地，建立了经济蓬勃发展的苏维埃政府。1934年，他奉命率红军部队北上抗日，却在途中被数倍于己的国民党军重重包围，终因寡不敌众，于1935年1月被俘。在狱中，国民党搜遍了他的全身，只找到了一块表和一支笔，他们不敢相信只有这些财产、穿着一件破布袄的就是声名赫赫的闽浙赣苏区最高领导干部。敌人派说客多次前来劝降，但直到秘密处决的前一晚，方志敏还是一直不停地重复着那句话："敌人只能砍下我们的头颅，决不能动摇我们的信仰！因为我们信仰的主义，乃是宇宙的真理！为着共产主义牺牲，为着苏维埃流血，那是我们十分情愿的啊！"这句话被在解放战争中幸存的老突击队员张富清写在自己的笔记本里。2018年11月，在儿子告知国家要登记退役军人信息，需要如实填写表格后，这位94岁的老人才告诉家人，当年的军功证明全都在一个封存的破旧皮箱子里。家人打开一看——获一等功3次，"战斗英雄"称号2次，在永丰战役中荣获特等功，军功章上写着"人民功臣"4个大字。1948年，为配合淮海战役，支援主力部队，张富清在惨烈的永丰战役中当突击队员，一块头皮被子弹生生掀了起来。一场鏖战之后，他也成了整个突击连唯一一个活下来的人。

有记者问他："当年您为什么要当突击队员？"他说："入党的时候我宣过誓，为党为人民可以牺牲一切。"家人问他为什么一直隐瞒自己的军功，他说："和我并肩作战的战士，有几多都不在了。比起他们来，我有什么资格拿出立功证件去摆自己啊？"考虑到他身上旧伤遍布，行动不便，单位上想帮他修缮老房子、安排人照料起居，每次问他，他都只有一句话："不用，不给组织添麻烦。"什么是心之所向，什么是坚定的马克思主义理想信念，无数的党员先辈们用一生给出了答案。我们今天看似习以为常的一切，却是百年前的那群革命者，面对未知、流血、牺牲，仍然有勇气从混沌的黑暗中走来，跌跌撞撞地为将来的人们制造的光明。1935年，方志敏在狱中书写《可爱的中国》，憧憬着："到那时，到处都是活跃的创造，到处都是日新月异的进步，欢歌将代替了悲叹，笑脸将代替了哭脸，富裕将代替了贫穷，康健将代替了疾病，智慧将代替了愚昧，友爱将代替了仇恨，生之快乐将代替了死之忧伤，明媚的花园将代替了暗淡的荒地！"而带着他的憧憬与梦想，无数先辈进前而勿顾后，背黑暗而向光明，久经考验而不屈不挠，建立了今天我们所拥有的科技飞速发展、经济不断增长、人民幸福安康的中国。中国共产党人百年来"我将无我，不负人民"的心之所向，"艰苦奋斗、甘于奉献"的无问西东，就是能够释放出巨大能量的马克思主义信仰。

在中国人民大学考察时，习近平总书记指出，立足新时代新征程，中国青年的奋斗目标和前行方向归结到一点，就是坚定不移听党话、跟党走，努力成长为堪当民族复兴重任的时代新人；在庆祝中国共产主义青年团成立100周年大会上，习近平总书记进一步强调，越是往前走、向上攀，越是要善于从走过的路中汲取智慧、提振信心、增添力量。而这条走过的路上，记录的是无数先辈身处黑暗却敢于拓荒的勇气，是无数共产党员身先士卒、为将来人谋幸福的大爱。

神州百年陆沉，"来时的路"泥泞坎坷，我们不能忘却；中华百年求索，"现在的路"来之不易，我们不能迷失；未来中国将开启新的百年征程，"将来的路"我们已经找到。"理想信念之火一经点燃，就永远不会熄灭。"而如今，时代的接力棒已传到青年手中，为实现中华民族伟大复兴贡献青春力量，我们信念坚定，心之所向，无问西东。

参考文献

1.张树锋.文化循环下的价值传播：从影片《无问西东》到《大学》[J].艺术研究，2024（1）:87-89.

2.刘建军.伟大建党精神的理论解读[J].思想理论教育，2021（8）:12-17.

3.杨晓慧.习近平青年价值观教育思想论要[J].马克思主义研究，2017（11）:124-133+160.

囊萤有话

我的宣讲稿其实早早就完成了，但是一直苦于没有一个恰到好处的题目。突然有一天，我刚巧听到电影《无问西东》的主题曲。"无问西东"四个字一下子闪过我的脑海,这不正是无数仁人志士怀揣家国情怀投身伟大事业,不问来路和不管归处的代名词吗?我突然有了灵感:百年来,中国共产党人筚路蓝缕,所抱持的信仰不就是"心有所向,就不问去处"吗?于是便有了我这篇宣讲稿的题目——心之所向,无问西东。

在完成首次宣讲后,我收到许多反馈,大家认为这篇稿件是有代入感、画面感的,这对于我来说是莫大的荣幸,也提醒我要用叙事的思路来阐释道理;同时我收到了来自入党积极分子的反馈,他们认为听完宣讲后"会想早日入党,也明白了当时自己为什么要入党",这让我备受鼓舞。我就是想用沉淀在我心里许久的这些感人的故事,让伟大建党精神具象化为一种可传递的、伟大的、震撼人心的力量。在结束宣讲,听到大家热烈掌声的那一刻,我相信这些感动过我的故事,也同样感动了在场的每一位听众,也让我更加坚信了一场好的理论宣讲可以带来震撼人心的力量。

"青"说囊萤

伟大建党精神对于青年一代来说是遥远又抽象的,听完"心之所向,无问西东"这个宣讲后,我才真的感受到伟大建党精神穿越时空的魅力所在。晓轩姐真正把故事讲到了大家脑海里,把理论讲到了大家心里。方志敏前辈的英勇与忠诚、张富清前辈的无私与清廉，都感人至深、发人深省，时空背后所折射出来的时代精神也深深震撼了我。

厦门大学法学院　　张　锐

电影《无问西东》里的镜头很美，但是一些故事的结局却让人落泪，宣讲开头以电影《无问西东》切入，极大吸引了我的注意。聆听此次宣讲，我感触很多，正是一代代革命先辈"无问西东"地奉献着，才有了我们今天的幸福生活。晓轩姐的宣讲把三十二字的伟大建党精神进行了故事化的呈现，这让我更形象化地领悟了革命先辈用信仰和生命所诠释的伟大精神和伟大使命，也更加坚定了我积极向党组织靠拢的决心，希望自己能早日加入中国共产党，成为一名优秀的共产党员。

厦门大学医学院　　刘思语

敢于斗争是中国外交的精神品格*

厦门大学外文学院　龚　晓

大家好！今天我想和大家分享一个70多年前的中国外交故事。

（播放视频）

刚刚视频中的主人公叫梅汝璈，是第一位代表中国在国际法庭上伸张正义的中国人。

二战结束后，中、苏、美等同盟国共同任命法官，远东国际军事法庭在东京审理日本战犯。在法庭预演时，在审判席后面的参战国国旗排序中，美国的国旗插在了第一位，而中国的国旗插在了第二位，法律顾问吴学义一眼就看出了其中的问题，立即给梅汝璈做了一个手势。

---

* 此宣讲作品曾录制中共福建省委宣传部、中共福建省委教育工委、厦门大学、中共福建省委讲师团联合主办的"'强国有我'青年说"第二季"强国有我　青春向阳"微视频。现场版作品曾在2022年5月"在青春的赛道上奋力奔跑"——厦门大学"囊萤星火"青年讲师团"青春思政微课"活动上进行宣讲。

梅汝璈立即向庭长韦伯提出中国的国旗应该插在第一位。对此，美国法官漫不经心地问为什么。他用流利的英语慷慨激昂地陈述了中国自1931年"九一八事变"到1945年8月15日打败日本帝国主义的过程中所付出的巨大牺牲和代价。

经过几轮唇枪舌战，最终美国做出了让步。这是自1840年鸦片战争之后，中国代表团出席国际会议时第一次将国旗插在了首位。

在这一场长达两年半的审判中，梅汝璈经历了无数次的激烈争论，每一天都非常煎熬。尽管中国是二战的战胜国，但在其他国家眼里仍然是一个弱国、穷国，在审判工作中常常得不到应有的尊重。后来，人们在翻阅梅汝璈的日记时，发现里面反复提及"争气"和"郑重"。他的使命是让审判结果不愧对四万万中国人民，他的志向是有一天我们的国家尊严不再轻易受到任何一方的践踏。

外交背靠的是实力，一个国家的主权和荣誉，并不会因为在战争中取胜就自然而然地得到维护，在那个饱受外侮的年代，中国人的权益甚至中国的尊严都难以得到各方尊重。

时间来到2021年，两张"辛丑"谈判照登上了热搜。网友们纷纷感慨："百年沧桑，相同的辛丑年，不同的时代"，"时隔120年，两个甲子轮回，美国仍是那个美国，但中国却早已不是那个中国了"。这个引起热议的事件便是在安克雷奇举行的那场中美高层战略对话。应美方邀请，中央外事工作委员会办公室主任杨洁篪、外交部部长王毅一行不远万里前往参加会谈。然而在首场对话时，美国就表现出了他们一贯以来傲慢无礼的行事作风。美方在先致开场白时严重超时，并对中国内外政策无理攻击指责，挑起争端。其后，又在双方商定开场白后记者应离场的情况下，美方发言时强行留住记者，发完言立即要求记者离场，不想给中方发言的机会。美方作为东道国，未奉行待客之道、不遵守外交礼仪在先，杨洁篪进行了猛烈还击并表明中方立场。

视频传出，中国网友不断刷屏点赞"中国态度"。不同于70多年前梅汝璈的处境艰难、饱受屈辱，如今中国"外交天团"一次次在国际舞台上亮明"中国态度"，展示大国外交风采，他们霸气与底气并存、礼仪与气势兼具，风度翩翩、淡定从容。

在网上曾有人发起过一个话题："什么时候感觉到自己的国家强大了？"一个高赞回答说："2021年的中美高层战略对话就是中国变强大了的最有力证明。"那底气十足的还击，霸气话语的背后，是一个国家多少年的忍辱负重，多少代人的艰辛创业。从中华人民共和国成立到今天，已经走过了70多年，从百年前的"弱国无外交"到当下面对美国的"挺直腰板"说话，这一个时期比一个时期好的背后，是中国共产党带领全体中国人民筚路蓝缕、奠基立业、创造辉煌、开辟未来的伟大成果，我们取得了全方位、开创性的历史成就，发生了深层次、根本性的历史变革。如果没有国家实力的支撑，何来国际地位和国际话语权的不断提高？如果没有国家实力的底气，又何来"外交天团"的霸气？

国家实力靠的是一代代中华儿女的赓续奋斗、接力前行。习近平总书记在庆祝中国共青团成立100周年大会上提出："时代总是把历史责任赋予青年。新时代的中国青年，生逢其时、重任在肩，施展才干的舞台无比广阔，实现梦想的前景无比光明。"作为青年大学生，我们的回答应是：我们也愿意追随前辈的脚步，以先辈们为榜样，以奉献者为楷模，实现这百年的初心传承、信仰延续。

如今我们躬逢盛世，生逢其时，时代的接力棒已传到了我们这一代青年手中，时代浪潮中的我们每一个人的命运都和祖国紧紧相连。刚刚我分享的梅汝璈的故事，也正是当年激励我选择外语专业的原因之一。将来的某一天，我希望能够实现自己外交官的梦想，在世界舞台上展示中国的形象。我很庆幸，自己的梦想能在中国崛起的时代大背景下不断壮大，而每一个不同的我们，在盛世之下，都肩负着相同的使命重任——为实现中华民族伟大复兴贡献自己的一份力量。奋斗有我，强国有我！

参考文献

1. 王尧基. 梅汝璈从复旦告假参与远东国际军事法庭审判[N]. 校史通讯, 2005-05-27（34）.

2. 东京审判中的吴学义：让中国国旗第一次插在首位[EB/OL].（2020-01-20）[2021-10-12]. https://www.thepaper.cn/newsDetail_forward_5579649.

3. 上海纪实—档案[EB/OL].（2017-12-18）[2021-10-12]. https://jishi.cctv.com/2017/12/18/VIDE5l7xccgK8Yp0m7jnnAZR171218.shtml.

囊萤有话

之所以选择"中国外交"这样一个主题，一来是因为，我是厦大外文学院的学生；二来是因为，安克雷奇中美高层战略对话曾在网上得到大众广泛关注、引起热议，但包括我在内的许多人或许只是从课本或报道上了解中国外交，没有深刻领会到外交战略变化背后是中国的强国发展之路。经过和指导老师商议，我最终选定了这样的主题。

但如何更好地展现这一历程，让大家更直观地感受中国外交变化，是一个横亘在我面前的难题。此时，网上热议的"时隔百年不同的辛丑谈判照"引起了我的关注，这启发了我选择"今昔对比"的形式来展现这种冲击感。宣讲过程中，我先从在东京审判上据理力争的中国法官梅汝璈的故事说起，并向大家详细讲述我们与大国交锋的事件经历，如此一来，便能更好地向大家展示中国从"弱国外交"到"大国外交"的历史性变化，借此传达国家实力才是中国外交的坚实后盾的主旨。在宣讲过程中，青年朋友们的反应很是热烈，甚至我能看到不少人热泪盈眶，每每宣讲之后，我也久久难以平复自己激动的心情。这也正是我热爱宣讲舞台的原因。

"青"说囊萤

我们在网上也常常能刷到"外交天团"的霸气发言，每每看到都会感到骄傲和自豪，底气十足。但是很多人只看到了现在外交天团"大杀四方"，却不知道外交官先辈们艰苦奋斗的经历。这份宣讲作品便很好地呈现了一些中国外交背后鲜为人知的故事，没有华丽的辞藻，只是用最真实、最鲜活的回忆还原那些跌宕起伏的外交历史。实践证明，我们没有辜负先辈们，今天的新时代中国特色大国外交理念自主性和主动性显著增强，中国已然成为更具国际影响力、创新引领力、道义感召力的负责任大国。

厦门大学外文学院　李　蔚

一次次以心相交的互动，一幕幕温暖人心的画面，一则则令人难忘的外交故事……龚晓同学的宣讲从在东京审判上据理力争的中国法官梅汝璈的故事说起，向大家展示了中国从"弱国外交"到"大国外交"的历史性变化。讲师团成员们的宣讲并非空谈大道理，而是结合所学专业有感而发，内容充满真情实感，听了很有共鸣。我们在为祖国骄傲的同时，也要看到大国光鲜形象背后的先辈们的艰辛付出，因此，我们更应该学会珍惜现在的生活。

厦门大学建筑与土木工程学院　刘雅茹

中国桥梁映射党的百年奋斗史[*]

厦门大学建筑与土木工程学院　朱雪晴

纵观世界桥梁建设史，20世纪70年代以前要看欧美，90年代看日本，而到了21世纪，则要看中国。今天，就让我带大家一同走近中国桥梁人的奋斗岁月。

奋斗与初心

在20世纪初，中国的铁路桥梁都是外国人包办的，这样的局面一直持续到1937年，中国桥梁专家茅以升站了出来。他带领着中国桥梁团队，克服重重阻碍，夜以继日奋斗了三年多时间，在钱塘江——这座著名的险恶之江上，建成了中国第一座自行设计、自行

---

[*] 此宣讲作品曾录制中共福建省委宣传部、中共福建省委教育工委、厦门大学、中共福建省委讲师团联合主办的"'强国有我'青年说"第二季"强国有我　青春向阳"微视频。现场版作品曾在2021年12月"百年初心如磐　强国一代有我"——厦门大学学习党的十九届六中全会精神青年微宣讲活动上进行宣讲。

建造的杭州钱塘江大桥。

但在通车后不久,为了阻滞日军南下,将南京大屠杀的悲剧蔓延到杭州地区,茅以升亲自下令炸断钱塘江大桥。这座大桥从建成通车到炸断,仅存在了89天。但这89天里,钱塘江大桥不仅抢运物资无数,更重要的是让大约100万百姓成功从大桥南撤,它的残损和毁灭更是成就了一个城市的安全。

有人说,钱塘江大桥的一修和一炸是那个特定的历史时期我们民族苦难的缩影。"桥何名欤?曰奋斗。"正如茅以升所言,中国桥梁人在建设与发展中突破困难、创新实践,在中华民族生死存亡的危急关头,同仇敌忾、共赴国难。这沉默坚实的桥梁,见证着中华民族在苦难历史中的奋斗与初心。

发展与追赶

中华人民共和国成立之初,国家正处在最困难的时期,即便如此,为了自主建造南京长江大桥,国内专家们自行研制出"争气钢"。南京总动员,各行各业的人都参与其中,每天有上千人自带干粮参加劳动,中华民族刻在骨血中的骄傲与倔强在这一刻凝聚成一团火,推动着桥梁建设的发展与追赶。

1968年,这座上上下下连一颗螺丝钉都由我们自主建造设计的南京长江大桥建成，在崛起与发展中，撑起一个民族的自信，圆了数代中国人的梦。

创新与超越

在中国特色社会主义新时代，中国桥梁人继续传承和发扬敢想敢干的精神，带领中国桥梁逐步壮大，走出国门，实现不断的创新与超越。

在中国西部云贵高原地区，仅用时3年，就建成了让外国人叹为观止的贵州北盘江大桥，其因桥面至江面565.4米的垂直高度，被吉尼斯官方认证为"世界最高桥"。

在中国南方沿海，仅花费8年时间，在海天之间托举起一个人类奇迹——港珠澳大桥，作为世界最长的跨海大桥，它像一条腾飞的巨龙，将中华民族的信心与梦想再次点燃。

在被誉为世界三大风口海域之一的福建平潭海坛海峡，有一座钢铁巨兽拔地而起，其上层是高速公路，下层是双线的铁路。平潭海峡公铁大桥不仅是中国第一座真正意义上的公铁两用跨海大桥，更是创造了世界最长跨海峡公铁大桥的纪录。

如今，一座座凝结中国桥梁建设者匠心、智慧与汗水的合作之桥、发展之桥、友谊之桥，从神州大地出发，沿着"一带一路"走向五洲四海，全长506米的埃潘桥，能满足日均5万辆车的通行需求；长2440米的佩列沙茨跨海大桥承载着克罗地亚人民的希望和祈盼；长约2000米的中马友谊大桥在远洋深海的惊涛骇浪中划出一道绚丽霓虹……中国的桥梁，已经成为一张让世界惊叹的名片。中国人民为建设共同繁荣、开放包容的世界贡献了中国智慧、中国方案和中国力量！

近代以来中国桥梁人的奋斗岁月，就是中国共产党百年来艰苦奋斗、光辉历程的一种映射，也是中国共产党领导全国人民从站起来、富起来到强起来的一个缩影。从打破天险之隔的长江大桥，到跨越沧海的港珠澳大桥，不仅延伸了中国桥梁的跨度，更是激扬了勇创世界一流的民族志气；从葛洲坝工程到三峡大坝，中华民族几千年江河安澜的梦想进一步照进现实……一项项中国制造、中国创造，一个个中国速度、中国高度，不只是体现在一座座物理上的桥，更是跨越时空，成为中华民族精神的纽带。

逢山开路、遇水架桥，这是中国桥梁建设者们工作的真实写照，也是中华民族奋斗精神的重要体现。桥的价值在于承载，人的价值在于担当。在每一个看似平淡的日日夜夜，都有中国桥梁人在工地不眠不休，他们是架设时代彩虹的群英，他们是弘扬中国桥梁文化的旗帜，他们在用生命铸造国之脊梁！

习近平总书记在庆祝中国共青团成立100周年大会上说："千百

年来，青春的力量，青春的涌动，青春的创造，始终是推动中华民族勇毅前行、屹立于世界民族之林的磅礴力量！青年的命运，从来都同时代紧密相连。"站在新百年的新起点上，新时代青年当接过实现中华民族伟大复兴的接力棒，赓续自力更生、永久奋斗、敢想敢干、追求卓越的优良传统，在传承中创新，在创新中跨越，以一往无前的奋斗姿态和永不懈怠的精神状态，中流击水、奋楫前行，把无悔的青春镌刻在中华民族伟大复兴的历史丰碑上！

参考文献

1.本书编写组.习近平与大学生朋友们[M].北京：中国青年出版社，2020.

2.茅玉麟，孙士庆.茅以升[M].贵阳：贵州人民出版社，2004.

3.曾平标.中国桥：港珠澳大桥圆梦之路[M].广州：广东花城出版社，2018.

4.向中富.天堑变通途：中国桥梁70年[M].重庆：重庆大学出版社，2019.

5.高孟阳.南京长江大桥正式开工建设[EB/OL].（2021-01-18）[2024-06-07].https://m.news.cctv.com/2021/01/18/ARTIHr4GC0PmogWqLwMqTD8R210118.shtml.

6.王平.港珠澳大桥创造了诸多世界之最被称为奇迹之桥[EB/OL].（2018-10-24）[2024-06-07].http://ccnews.people.com.cn/n1/2018/1024/c141677-30359048.html.

7.港珠澳大桥从梦想到现实：两代工程专家的四次相遇[EB/OL].（2018-

10-23）［2024-06-07］. https://www.gov.cn/xinwen/2018-10/23/content_5333867.htm.

8. 钱塘江大桥修建困难重重，建成89天就炸断，茅以升痛苦地写下八字［EB/OL］.（2019-06-24）［2024-06-07］. https://www.163.com/dy/article/EIEL86QI05239IAE.html.

9. 习近平在庆祝中国共青团成立100周年大会上的重要讲话［EB/OL］.（2022-05-10）［2024-06-07］. https://news.xinmin.cn/2022/05/10/32163282.html.

10. 激扬勇创世界一流的民族志气［EB/OL］.（2018-10-24）［2024-06-07］. http://www.mod.gov.cn/gfbw/jmsd/4827497.html.

11. 日军进攻杭州难保茅以升炸毁第一座钱塘江大桥［EB/OL］.（2010-08-13）［2024-06-07］. https://www.chinanews.com.cn/cul/2010/08-13/2466986.shtml.

12. 林涛. 卫星见证，"一带一路"上的桥与路［EB/OL］.（2021-12-20）［2024-06-07］. https://news.cctv.com/2021/12/20/ARTIGATsbAXVh6MOEEJjRg5z211220.shtml.

13. 勿忘昨天的苦难辉煌无愧今天的使命担当不负明天的伟大梦想［EB/OL］.（2021-11-12）［2024-06-07］. http://www.npc.gov.cn/npc/c2/c30834/202111/t20211112_314621.html.

14. "一桥飞架南北，天堑变通途"：从不断架起的长江大桥看"中国桥"建设发展成就［EB/OL］.（2021-10-01）［2024-06-07］. http://www.stdaily.com/index/kejixinwen/2021-10/01/content_1223602.shtml.

15. 北盘江大桥：让天堑变通途的"世界高度"［EB/OL］.（2022-09-23）［2024-06-07］. http://www.news.cn/local/2022-09/23/c_1129026918.htm.

16. 历时8年跨越"天堑"，这个"第一"开创中国自力更生建设大型桥梁新纪元［EB/OL］.（2019-07-18）［2024-06-07］. https://m.news.cctv.com/2019/07/18/ARTI28fujiIvtkkUwFCIT7C3190718.shtml.

17. 走近中马友谊大桥细品匠心设计［EB/OL］.（2018-08-31）［2024-06-07］.

https://news.cctv.com/2018/08/31/ARTIFPPMNycfbyGiB0tcyFkt180831.shtml.

18.走近"世界最高桥梁"的守护者［EB/OL］.（2022-01-30）［2024-06-07］. https://www.gov.cn/xinwen/2022-01/30/content_5671343.htm#1.

19.最美奋斗者茅以升：用一生奋斗，构筑共和国的坚韧之桥［EB/OL］.（2019-09-27）［2024-06-07］. https://z.hangzhou.com.cn/2019/zjghgdjl/content/content_7275887.html.

20.从公报中读出"昨天、今天、明天"的深意［EB/OL］.（2021-11-16）［2024-06-08］.http://politics.people.com.cn/n1/2021/1116/c1001-32283169.html.

囊萤有话

每当我们踏上一座桥，不仅是在跨越空间上的距离，更像是跨越时间在读一本无字的书，每一座看似冰冷的桥梁背后，都蕴含着无数的智慧、汗水与追求，坚实稳固的桥是我们的自信，更是我们的底气。近百年来，中国桥梁事业飞速发展，中国桥梁横跨高山峡谷、江河甚至海洋，让无数"天堑"成为"通途"；它们的建设与建成，承载着数不清的动人故事，印刻着中国共产党百年来艰苦奋斗的光辉历程；而中国桥梁人"逢山开路，遇水架桥"的精神，成就了一次又一次的"不可能"，更是中国共产党在百年发展道路上的一个缩影。中国桥梁的故事，值得我们每个人铭记和学习。

作为土建专业的学子，在专业学习和研究的同时，也希望能将中国桥梁和中国桥梁人的故事带给更多人，将桥梁建设中的成就与感动带给更多的人。一座座桥梁应当是联系古时与今日、未来与现在发展的纽带，这也是我选择中国桥梁发展作为宣讲主题的原因。

"青"说囊萤

各种各样的桥，我们在日常生活中见过许多，但通过这次宣讲，我才发现原来桥的背后还有这么多动人的故事。其中感触最深的是钱塘江大桥的故事，茅以升先生修桥的智慧与炸桥的果决，体现了他作为一名工程师精益求精的敬业精神，更体现了他作为一名中国人舍小为大的奉献精神。这时的钱塘江大桥，已经不是一座简单的桥梁，而是桥梁人心中的家与国。作为一名台研院学子，我希望做一颗小小的"螺丝钉"，积极发挥所学所长，做两岸融合发展的"桥梁"的见证者和建设者。

厦门大学台湾研究院　林斐奕

中国共产党百年奋斗史中的故事太多太多，这次宣讲聚焦在"桥梁"这个我们在日常生活中再熟悉不过的事物上，角度很新颖，让我耳目一新。从中，我了解到了中国桥梁百年来的发展历程，深刻感受到中国桥梁既是中国人民的智慧与辛勤的结晶，也是综合国力的彰显，亦是中华民族复兴梦想的产物。如今的中国桥梁是一张让世界惊叹的名片，也是我们每一位中华儿女自信与骄傲的底气。

厦门大学人文学院　赵歆仪

烽火里的"意外遇见"*

厦门大学管理学院　商兆岩

今天给大家讲一个关于"遇见"的故事。

故事的主人公是一位老人，他是华侨旗帜、民族光辉。他生于南国，游走列国，心系祖国，用爱护国。他下南洋、兴实业，浩然发家；创集美、办厦大，教育先行，为我中华；斥汪伪、反内战、捐寒衣，反对侵略、捍卫中华；返故乡、当委员，改造集美、修缮厦大，建设广厦、大庇天下。他，就是厦门大学校主陈嘉庚先生。

而"遇见"的故事，也要从1939年陈嘉庚先生归国说起。1939

---

*　此宣讲作品曾录制中共福建省委宣传部、中共福建省委教育工委、厦门大学、中共福建省委讲师团联合主办的"'强国有我'青年说"第二季"强国有我　青春向阳"微视频；曾获2022年7月厦门大学"党课开讲了"微党课大赛二等奖。现场版作品曾在2021年12月"百年初心如磐　强国一代有我"——厦门大学学习贯彻党的十九届六中全会精神青年微宣讲活动、2022年10月"强国有我　青春向阳"——"'强国有我'青年说"第二季暨厦门大学新生团员"同上一堂主题团课"活动、2023年5月厦门大学"囊萤星火"青年讲师团走进厦门逸夫中学宣讲活动上进行宣讲。

年冬，蒋介石发布了关于陕甘宁边区国共摩擦情况的报告，引起海外爱国华侨的不安。在这种情况下，陈嘉庚决定组织并亲率"南洋华侨回国慰劳视察团"回国考察。

1940年3月，陈嘉庚一行飞赴重庆。在机场，慰劳团受到热烈欢迎，陈嘉庚先生发表了演讲。演讲中陈嘉庚恳请各界极力节省"无谓宴请"，同时希望亲自前往八路军所在地延安。在场各界人士表面上纷纷鼓掌点头，实际上却言行不一。

那可是战乱之际啊，国民政府却特地拨款八万元作为慰劳团的膳宿与应酬费用，在战时的重庆，又是安排慰劳团住高级酒店，又是笙歌夜宴，毫无慷慨激昂的抗日氛围。到了成都，蒋介石和宋美龄又安排宴请陈嘉庚。

"前方吃紧，后方紧吃"，嘉庚先生此时已经对满目腐败的国民党失望质疑，将希望放在了此行的另一目的地——延安。

5月31日，陈嘉庚踏上了神秘的延安之旅，也"遇见"了全然不同的"意外"。

（快板表现欢迎的热闹场景："竹板这么一打，别的咱不夸，夸一夸嘉庚先生到了延安了。延安新社会，处处新风光，打了土豪分了田地人民作主了，人民作主了。"）

八路军在露天广场为陈嘉庚一行人准备了临时欢迎会，只有前来的三四千军民和他们的笑脸与掌声。尤其是坐在前排的数百人，他们有的来自厦门大学，有的来自集美大学，有的还是南洋侨胞，简而言之，这些都是会听闽南话的，而这个安排也让只会讲闽南话的嘉庚先生备受感动。欢迎会之后便是"宴请"。但这个"宴请"很简朴，唯一一点荤腥就是一只整鸡炖的鸡汤。谈到这鸡汤的来历，毛主席说："我只有五块钱的津贴，一个月只有三块钱的菜金，一天菜金一毛钱，买不得鸡做汤。这鸡是邻居大娘知道我有贵客，特地贡献出来招待陈先生的。"虽然只有一碗鸡汤，但在鸡汤之内，体现出这个政党得到了民众最真诚的爱戴；鸡汤之外，更展示出政党最高领袖所具有的高尚人格和处处为民族、为民众考虑的雄才大略。

相较于重庆，嘉庚先生在延安"遇见"了令人惊喜的"意外"。

多年后，当嘉庚先生在《南侨回忆录》里面谈到延安之行时，他这样写道："余在延安视察耳闻目睹各事实，见其勤劳诚朴，忠勇奉公，务以立国福民为前提，并实行民主化，与民众辛苦协作，同仇敌忾，奠胜利维新之基础。余观感之余，忠心无限兴奋，梦寐神驰，为我大中华民族庆祝也。"先生来自人民，而人民是中国共产党的根基和血脉。一个全心全意为人民服务的政党，始终坚持人民至上，始终要与人民同呼吸、共命运。

陈嘉庚先生与中国共产党的"遇见"是必然的。因为中国共产党的初心是为中国人民谋幸福、为中华民族谋复兴，而像嘉庚先生这样的爱国人士的初心也是救国救民。这初心同是循着中华民族复兴的逻辑，同是本着中华儿女救亡图存的理想信念，同是为了国家、为了人民，为了中国从寒冬中醒来，为了人民拥抱下一个春天。他们以人民为中心，与人民携手奋斗，正是这共同的目标才促进了如此理所当然的"意外遇见"。

嘉庚先生的这份初心，和他与中国共产党的这种"遇见"才是我们新时代青年应当传续的，正如习近平总书记在庆祝中国共青团成立100周年大会中所提到的那样，"实现中国梦是一场历史接力赛，当代青年要在实现民族复兴的赛道上奋勇争先"。我们应该去创造这样的"意外遇见"，以人民为中心，与千万群众同呼吸共命运，"敢于有梦，勇于追梦，勤于圆梦"，把有限的生命投入无限的为人民服务的实践中去。

因为江山就是人民，人民就是江山！

参考文献

1.朱水涌.陈嘉庚传［M］.厦门：厦门大学出版社，2021.

理·响
——厦门大学"囊萤星火"青年讲师团实录

🎤 囊萤有话

我平时对中国传统曲艺、快板和魔术等都很感兴趣，加入"囊萤星火"青年讲师团后，我一直有考虑如何打破原有思政宣讲模式，把爱好融入宣讲之中，让我的宣讲别具一格，充满吸引力。在跟指导老师商讨后，我们确定了以说书为主，适当融入快板、魔术等表演的方式进行宣讲。这样一来，故事的选取就尤为重要了，我需要一个具有戏剧冲突，且能够延展细节的故事。作为厦大学子，我们对校主陈嘉庚先生有着别样的情怀，了解嘉庚精神、讲述嘉庚精神、弘扬嘉庚精神，这也是我当时报名讲师团的初衷。于是，我决定这次就讲讲嘉庚先生的故事。我反复翻阅了《陈嘉庚传》《南侨回忆录》等书籍，"抗战时期，嘉庚先生率领'南洋华侨回国慰劳考察团'回国"的故事一下子吸引了我。嘉庚先生当时回国，分别去了重庆和延安，两地之行的所见所闻对比鲜明，也让他得出了"中国的希望在延安"的重要论断。这正是我要找的故事，于是便有了这期"烽火里的'意外遇见'"微课。

还记得第一次进行宣讲时，我其实是有些忐忑的，厦大学生对嘉庚先生延安之行的故事很熟悉，我能成功吸引大家吗？可是当舞台大屏换成专门为我定制的说书场景式画面，我身着马褂走上舞台，一个定场诗过后，看到大家鼓掌叫好，聚精会神听我宣讲时，我的疑惑已然有了答案。

"青"说囊萤

如果让我用两个字形容这场宣讲，我想一定是"有趣"。宣讲人用说书的方式开展"沉浸式"思政微宣讲，我还是第一次听到，形式创新，别具一格。作为厦大学子，校主陈嘉庚的故事我们再熟悉不过，但以这样的方式演绎，更具吸引力，真的让我感到耳目一新，可以说，这是我听过的最特别的一次"微党课"。校主陈嘉庚先生的故事也让我很感动，这次党校开班让我感觉很充实。漫漫学海无涯，作为一名入党积极分子，我希望自己能把握青春大好年华，在中华民族伟大复兴的赛道上奋勇争先。

厦门大学公共事务学院　徐霖熙

踔厉奋发新征程

党的十八大以来，党中央团结带领全党全国各族人民，攻克了许多难题，办成了许多大事要事，经受住了多方面的风险考验。笃行十年、辉煌十年，"中华民族伟大复兴号"巨轮劈波斩浪、一往无前，在不断塑造发展新动能新优势的火热实践中写下最生动的注脚：农业领域，国家锚定农业强国目标，把解决好"三农"问题作为工作重中之重；科技领域，党中央聚焦科技工作前瞻性谋划、系统性布局、整体性推进，众多创新成果让世界眼前一亮；医疗卫生领域，国家进行医疗卫生机构基础设施建设，进一步推进疫情防控和智慧医疗建设、完善三级医疗卫生服务网络；文化领域，立足新时代发展需求，坚持传统文化的守正创新……

本系列"青春思政微课"围绕"强国复兴"主题，聚焦波澜壮阔的中国式现代化进程中取得的创新发展与卓越成就，选取农业发展、科技创新、医疗卫生、文化传承等领域中的奋斗故事，赞颂广大劳动者以高度的主人翁责任感、卓越的劳动创造、忘我的奉献精神，在各自平凡的岗位上取得了不平凡的成就，为奋楫新征程提供了源源不断的动力。

厦门大学生命科学学院潘月涵在宣讲"青春赛道上的一粒好种子"时以进行水稻研究的亲身经历为例，讲述新时代科技工作者巩固农科知识、扎根"青春试验田"、攥紧中国种子、创新粮食发展的奋斗历程。厦门大学能源学院刘一静在宣讲"强'核'科技，点亮国家新名片"时聚焦我国核工业科技，向世人宣告中国核电凭借百折不挠的韧劲创造出的从落后到并跑、从并跑到超越的行业奇迹。厦门大学医学院陈茹晴在宣讲"从此刻，向未来，'手'护健康中国梦"时讲述"中国肝胆外科之父"吴孟超、厦门大学附属翔安医院首位确认接受援鄂任务的急诊医学科护师张楠和厦门大学医学院硕士研究生朱茂述等人与医学的故事，深刻阐释了我国医疗保障体系的逐步完善，也阐述了背后无数医疗卫士投身健康中国建设的勇毅无畏。厦门大学公共事务学院杨圆圆在宣讲"从汉字中窥见中华文化的'精气神'"时结合书法支教经历，在传承弘扬中华优秀传统文化的大背景下，深刻挖掘中国汉字中蕴含的智慧与精神，推动古老中华文明与中国式现代化深度融合，持续提升中华文化影响力和"精气神"。

旭日东升，大潮奔涌。"囊萤星火"青年讲师团成员怀揣青春梦想、肩负时代使命，以青春之名，通过深入透彻的理论阐释、鲜活生动的成就解读、真实感人的建功故事，讲好中国式现代化故事，展现可信可爱可敬的中国形象。

青春赛道上的一粒好种子*

厦门大学生命科学学院　潘月涵

大家好！请看，我的手里有个神奇的宝贝，它很小，小到只有几毫米；它也很大，大到关乎千家万户的饭碗。

有谁猜到了吗？它，就是这颗小小的种子。

大家可别小瞧了这颗种子，它可是我国粮食安全的关键。习近平总书记教导我们，只有用自己的手攥紧中国种子，才能端稳中国饭碗，才能实现粮食安全。

小小的种子，蕴藏着中华大地亘古不变的记忆，也承载着无数青春伙伴强国富国的初心。

---

* 此宣讲作品曾获中共福建省委宣传部主办的"让青春绽放绚丽之花"福建青年宣讲党的二十大精神活动省级三等奖，厦门大学"喜迎二十大，永远跟党走，奋进新征程"风采大赛校级二等奖，厦门大学"党课开讲啦"主题微党课大赛校级三等奖。现场版作品曾在2022年5月"在青春的赛道上奋力奔跑"——厦门大学"囊萤星火"青年讲师团学习习近平总书记在中国人民大学考察调研时的重要讲话精神"青春思政微课"、2022年10月"强国有我　青春向阳"——"'强国有我'青年说"第二季暨厦门大学新生团员"同上一堂主题团课"宣传活动上进行宣讲。

我的家乡在粮食大省山东,"稻花香里说丰年"是我儿时最美的记忆,我也将袁隆平院士视为自己的偶像。做一粒好种子,便是我最初的梦想。

2020年,我加入厦门大学水稻育种团队,开启"袁梦计划"。

入学时,我将水稻种在田里,期待收获"金种子"。但没想到,接踵而至的却是病虫害、高温热害,我的水稻颗粒无收。辛苦劳作半年,美梦化为泡影。

但很快,老师的指导、年轻的干劲,让我重拾信心。特别是团队中带领青年学生研究水稻育种40余年的王侯聪教授,85岁高龄的他依然扎根稻田,让更多鲜活的青春梦想在八闽大地生根发芽。

去年9月,学院组织我们观看了《开学第一课》节目,福建水稻育种学家谢华安院士讲述了"50年金色种子梦",并叮嘱我们"种子是农业的芯片,我们要有奋斗的精神"。

是啊,"90后"的袁隆平院士,"80后"的谢华安院士、王侯聪教授,耄耋之年的他们将一生都奉献给了人民。

而现在,历史的接力棒已然传递到我们青年人的手中。新时代青年科技工作者要用"深学争优"巩固农科知识,用"敢为争先"加快农业现代化步伐,用"实干争效"服务国计民生。

在老师的带领下,我们培育了以佳辐占为代表的11个水稻新品种,推广了1000多万亩,创造了20多亿元的经济效益。这其中饱含青春的汗水和智慧。无数个日夜,我们奋战在实验室里,反复失败、反复总结、反复试验，不断追寻着"禾下乘凉梦"。

在厦门大学与福建省九市一区合作共建的"八闽园"里，同样有我们青春的身影。弯腰、锄地、举榔头；插秧、施肥、割庄稼……曾经不起眼的撂荒地，如今已然是我们建功乡村振兴的一片"青春试验田"。

新技术从无到有，新品种由少变多，米饭愈发可口，农民伯伯愈加欢乐，我们让粮食安全研究焕发新一轮的生机与活力。

党的二十大报告强调，要"深入实施种业振兴行动"，"确保中国人的饭碗牢牢端在自己手中"。五四青年节出生的我，带着与生俱来的青年属性，愿与所有中国青年一道，做一粒奋力奔跑在青春赛道上的好种子，为守护大国粮仓贡献青春力量。

（唱："风吹起稻浪，稻芒划过手掌，稻草在场上堆成垛。"）

悠悠万事，吃饭为大。致敬袁隆平们，感恩天下"粮"心。

参考文献

1.高举中国特色社会主义伟大旗帜　为全面建设社会主义现代化国家而团结奋斗：在中国共产党第二十次全国代表大会上的报告［EB/OL］.（2022-10-25）［2023-08-07］.https://www.gov.cn/xinwen/ 2022/10/25/content_5721685.htm.

2.全国秋粮已收获12.58亿亩进度完成96.3%［EB/OL］.（2022-11-14）［2023-08-07］.https://news.cctv.com/2022/11/14/ARTI5JmbtQ7ZcyqcHvzkonNT221114.shtml.

3.习近平向"杂交水稻援外与世界粮食安全"国际论坛发表书面致辞［EB/OL］.（2022-11-13）［2023-08-07］.https://baijiahao.baidu.com/s?id=17492858549

17257485&wfr=spider&for=pc.

4.中央一号文件强调牢牢守住18亿亩耕地红线确保粮食安全实行党政同责[EB/OL].（2021-03-12）[2022-05-04].https://baijiahao.baidu.com/s?id=1693995285339084794&wfr=spider&for=pc.

5.林万龙.在中国式现代化进程中加快建设农业强国[EB/OL].（2022-11-07）[2023-05-04].https://m.gmw.cn/baijia/2022-11/07/36141864.html.

6.杨远柱.缅怀袁隆平院士，深耕杂交水稻事业[J].杂交水稻，2022，37（S1）:216-218.

7.张德咏.袁隆平与杂交水稻科技创新[J].杂交水稻,2022,37(S1):234-235.

囊萤有话

我出生在粮食大省山东，袁隆平爷爷一直是我的偶像。一天，我偶然看到一则新闻，安徽太和的种粮大户徐淙祥收到了习近平总书记的回信。在信中，习总书记说，手中有粮，心中不慌。这接地气的话语，道出了粮食安全的重要性。作为一名"稻田"科研学子，我何不给大家讲讲我们的故事呢？于是，我开始着手准备宣讲稿。在厦大生科院的这段时间，我听过很多中国农业科技工作者在构筑世界粮食安全的道路上前赴后继的故事，也亲身感受到扎根稻田、潜心农业的艰辛与不易。党的十八大以来，以习近平同志为核心的党中央始终把粮食安全作为治国理政的头等大事；党的二十大更是强调"确保中国人的饭碗牢牢端在自己手中"。我想将二者有机结合，用生动、有趣的宣讲内容让更多师生了解我们的科研工作，并用实际行动助力国家粮食安全。

2022年5月5日，在中国共青团建团百年之际，我参与了"在青春的赛道上奋力奔跑"厦门大学"囊萤星火"青年讲师团学习习近平总书记在中国人民大学考察调研时的重要讲话精神"青春思政微课"活动，首次将这篇文稿进行了宣讲。现场听众热情的掌声让我更加坚定了把论文写在祖国大地上的决心，趁青春矢志报国，用行动接续奋斗，凝聚复兴中华的磅礴力量。

"青"说囊萤

我与潘学姐一样，都是来自厦门大学生命科学学院。加入生命科学学院以来，我最大的感悟就是要在我国生命科学建设的道路上做一粒"自找苦吃"的好种子。学姐的宣讲让我更加坚定了这个想法。学姐讲述的是她自己科研的故事，也是我们许许多多生命科学学子的故事，我想不只是在农业领域，还有科技强国、卫生医疗、教育发展等各个领域，未来会有越来越多的中国青年在属于自己的青春赛道上争做一颗"自讨苦吃"的好种子。而我也将成为其中一员，与青年们一道坚定前行！

厦门大学生命科学学院　陈锶雨

90岁高龄的袁隆平院士仍然亲自到稻田察看，看到沉甸甸的稻穗，他兴奋得手舞足蹈。风吹稻花香，禾下乘凉梦。作为一名生命科学学院的工程师，我更深切地知道袁隆平院士及其团队为解决全球饥饿问题背后沉甸甸的艰辛与努力。这份躬耕陇田、钻研科研的朴实需要代代生科人学习、传承。粮食安全事关国家大计，潘同学用最朴实的语言和身边的故事，讲述最深刻的道理，这样的讲述直抵人心、震撼心灵。我期待看到更多同学能够用这样的宣讲方式，传播厦大生科"传承创新　求实至善"的精神，鼓励更多的农科学子坚定扎根稻田、潜心农业。

厦门大学生命科学学院　崔玉超（工程师）

强"核"科技，点亮国家新名片*

厦门大学能源学院　刘一静

说起"核"这个名词，大家会想到什么呢？是每每想起1964年在我国腾空而起的巨大蘑菇云时的激动与兴奋，还是对日本核电站放射性物质泄漏事故危害延续至今的恐惧与不安，或是如今各个国家对核武器研制的封锁与博弈？

党的二十大报告将核电技术列为我国进入创新型国家行列的重大成果之一。今天我就和大家说说不一样的"核"。故事要从我前往福建福清核电有限公司的参观学习说起。在那里，我有幸见到了我们的大国重器"华龙一号"。

---

　　* 此宣讲作品曾获厦门大学翔安校区党的二十大精神主题微宣讲比赛二等奖。曾在2022年12月"奋斗正值青春　强国复兴有我"——厦门大学学习宣传贯彻党的二十大精神"青春思政微课"、2023年3月"学习贯彻二十大　团结奋斗新征程"厦门大学翔安校区学习宣传贯彻党的二十大精神主题微宣讲、2023年8月厦门大学凤凰花夏令营——党的二十大精神学生宣讲团走进奎霞书院、2023年10月"淬炼升华砺青春，挺膺担当新征程"——厦门大学"囊萤星火"青年讲师团"青春思政微课"上进行宣讲。

"华龙一号"是我国首个拥有完全自主知识产权的百万千瓦级压水堆核电机组，它采用独创性的堆芯设计，实现了核反应堆的"中国芯"，并且在研发过程中产生了包括716项国内专利、65项国际专利、125项软件著作权在内的丰硕创新成果。如今，中国自主品牌三代核电技术"华龙一号"已投入商运并出口国外，积极响应"一带一路"倡议，推动海外"华龙一号"项目落地，与巴基斯坦、阿根廷等20多个国家和地区建立了核电项目合作意向，这也标志着中国在三代核电技术领域跻身世界第一方阵。中国已然从没有核电成为一个核电大国，核电也成为一张新的国家名片。而这些成绩的取得并不是一蹴而就的，更不是理所当然的，它凝结着我国一代代核工业科学家们的心血与汗水。

1955年1月15日，党中央做出了发展我国原子能事业的重大战略决策，中国核工业就此拉开序幕。中华人民共和国成立初期，国内经济困难、工业基础薄弱、技术水平落后，百废待兴。为打破西方大国的核讹诈与核垄断，造出"争气弹"，钱三强、王淦昌、邓稼先等老一辈科技工作者，秉持"国家利益高于一切"的坚定信念，攻坚克难、以身许国，以强烈的创新自信，打破国外的技术封锁和限制，突破关键性技术难关，和成千上万的核工业人一道，铸就了中国的坚强盾牌。那是一个创造奇迹的时代，让世界重新认识了中国，也让世界真正听到了中国的声音：1964年10月，中国第一颗原子弹爆炸成功；1967年6月，中国第一颗氢弹空爆试验成功；1970年12月，中国第一艘核潜艇顺利下水。

让我们把目光投向带领核能走进大众视野的核电站。这是人类迄今为止最复杂的能源系统，在我国相关部署方案刚刚起步之际，就响起了强烈的反对声音。有不少人认为，我们可以直接引进国际上成熟的90万千瓦级核电机组，没有必要自己从30万千瓦级的原型核电机组做起。对此，我国核科学的奠基人王淦昌老先生明确回应："我们能自行设计制造原子弹，为什么就不能自主设计建造核电站呢？现代化是不能从国外买来的，必须是我们自己艰苦奋斗创造出来的。"于是，中国核电人凭借"干惊天动地事，做隐姓埋名人""一辈子只干一件事，干成一件事"的精神，力克万难，踔厉奋进，终于设计建造出了中国大陆第一座核电站。1991年12月15日，被誉为"国之光荣"的秦山核电站并网发电，结束了中国大陆无核电的历史。

时至今日，中国核电50余年来的发展之路荆棘密布却越走越宽。从秦山30万千瓦级核电机组到"华龙一号"百万千瓦级核电机组，正是凭着逢山开路、遇水搭桥的闯劲，滴水穿石、百折不挠的韧劲，中国核电创造出了从落后到并跑、从并跑到超越的行业奇迹。如今，俯瞰我国大陆海岸线，分布于沿海8省区的18个核电基地串珠成链，53台商运核电机组、23台在建核电机组，以总装机全球第二、在建装机全球第一的规模，构筑起从核电大国迈向核电强国的坚实底气，再一次向世界展示了中国智慧、中国方案。

说到这里，我想问问大家，提到核电，你们脑海中浮现的第一个关键词是什么？是核辐射，还是核泄露？对于核电站，大家的直觉是不是都是：不安全，危险？没错，核辐射、核泄漏、核爆炸，这些事故一旦发生就会对全世界造成巨大危害。但是统计数据显示，与其他工业相比，核电站发生严重事故的概率是最低的。在我国核电事业的发展过程中，核安全的保证更是首要任务。

我国自主研发的"华龙一号"采用第三代核电技术，满足国际上对核电站的最高安全要求和最新技术标准。多项安全技术的保障让"华龙一号"能够确保在突发严重事故时核反应堆可以在30分钟内实现能动控制，72小时内完全做到场内自制，不需要外部支持。"华龙一号"还使用双层安全壳设计，为发生事故后屏蔽辐射提供保障；同时能够抵御超9度烈度强地震，具备抗商用大飞机撞击的能力，可以有效预防和缓解严重事故的发生。

目前，我国在第四代先进核电技术研发中也取得了一定进展，它能使核电站在任何情况下，都不会引发放射性物质大量泄露的事故，从而确保不会对人类的健康和环境造成危害。听到这里，大家对于我国的核电安全是否有信心了呢？

事实上，核电是安全、清洁、高效的能源。它是不会像原子弹一样发生核爆炸的，核电与核弹的根本区别就在于核电是可以控制的。同时，核电是高效的，大家知道核产生的能量究竟有多大吗？100千克的煤充分燃烧，假设产生的能量没有损失全部用来烧水，可以将大约一辆洒水车里的水烧开，而100千克核燃料能够产生的能量，可以将整个西湖煮沸。如果用来发电，一座百万千瓦级的燃煤电厂每年要消耗近300万吨煤，需要800辆60节的火车才能够装下，而一座发电量相同的核电站每年只需要补充30吨左右的核燃料，一辆大卡车就能装下了。核电消耗的燃料变少了，发电量却提高了。而且核电是清洁能源，在过去一年中，我国核电发电量约占全国总发电量的5%，就是这仅仅5%的核电相当于减少了燃煤消耗约1亿吨，减少二氧化碳排放3亿余吨。可以说，中国核电技术前进的每一步，都是能源低碳转型迈出的一大步。

习近平总书记在党的二十大报告中提出，要"积极稳妥推进碳达峰碳中和。……立足我国能源资源禀赋，坚持先立后破，有计划分步骤实施碳达峰行动。……深入推进能源革命，加强煤炭清洁高效利用……加快规划建设新型能源体系……积极参与应对气候变化全球治理"。绿色发展，美丽中国，实现碳达峰、碳中和是中国高质量发展的内在要求，更是中国对国际社会做出的庄严承诺。为什么核能是加速实现"双碳"战略的最佳选择呢？国际能源署的专题报告曾指出，国际实践证明，核能作为近乎零排放的清洁能源，是世界发达经济体最大的低碳能源选项，中国"双碳"战略的部署实现离不开核能的贡献，它将成为中国能源现代化发展的重要组成部分。同时，我也注意到，中国工程院、国网能源研究院等多家研究机构的专业预测显示，核能有潜力由过去的战略性补充能源，逐渐转变为保障能源安全、确保电力系统稳定和供给清洁低碳电量的基础性能源和主力能源之一，从而为实现"双碳"战略目标发挥中坚作用。

步入新时代，面向全面建设社会主义现代化国家的新征程，核科技是国家战略科技力量最重要的代表之一，是国家科技水平和综合国力的重要标志，发展核科技势在必行，我们的关键核心技术必须自力更生。在保障国家能源安全的前提下，探索更加先进、安全、高效的核电技术，是新一辈核电人在促进"双碳"发展过程中的奋斗目标。作为一名新能源专业的青年学子，我希望未来我能以自己的专业学识投身到祖国安全核电的事业中，为强核科技贡献自己的一份力量！来吧，青年朋友们，让我们一道传承弘扬科学家精神，努力成为科技强国战略的生力军，为点亮更多的国家新名片，贡献自己的青春热血！

参考文献

1.许达哲.在创新发展中谱写核工业的新篇章：纪念我国核工业创建六十周年［J］.国防科技工业，2015（1）:16-19.

2.叶奇蓁，苏罡，黄文，等.中国核能现代化发展战略［J］.科技导报，2022，40（24）:20-30.

3.XING J，ZHEN T L，YU H，ZHENG Y L. Technology and management innovation of the first-of-a-kind（FOAK）demonstration project — HPR1000. Frontiers of Engineering Management，2021，8（3）：471-475.

4.朱学蕊.核能产业铆足后劲拓赛道［N］.中国能源报，2022-11-07.

5."国家名片"华龙一号示范工程全面建成投运［EB/OL］.（2022-03-25）［2022-11-22］.https://cn.chinadaily.com.cn/a/202203/25/WS623d805ca3101c3ee7acd6bd.html.

6.核电站为何不受待见？看看人们对它有哪些误解［EB/OL］.（2021-12-31）［2022-11-22］.https://www.kepuchina.cn/article/articleinfo?business_type=100&classify=0&ar_id=173614.

7.中国核工业创建65周年：我们都是时代的追梦人［EB/OL］.（2020-01-20）［2022-11-22］.http://www.nea.gov.cn/2020-01/20/c_138720427.htm.

8.中国核电50年：自主化道路的胜利［EB/OL］.（2020-09-27）［2022-11-22］.https://mp.weixin.qq.com/s/wHzLkI4fF6KXoEpRCbgIOg.

9."核二代"罗英：为"巨龙"铸"芯"，绽放硬"核"芳华［EB/OL］.（2022-09-08）［2022-11-22］.https://www.kepuchina.cn/article/articleinfo?ar_id=116824&business_type=100&classify=0.

10.全国人大代表罗琦：加强核领域基础研究，抢占核能技术高地，为世界提供中国方案［EB/OL］.（2023-03-22）［2023-03-26］.https://www.cnnc.com.cn/cnnc/xwzx65/ztbd74/1295861/1295863/1302921/index.html.

11.全国核电运行情况（2022年1—12月）［EB/OL］.（2023-02-02）［2023-03-20］.https://www.china-nea.cn/site/content/42324.html.

12.全国核电运行情况（2023年1—12月）［EB/OL］.（2024-01-31）［2024-06-08］.https://www.china-nea.cn/site/content/44467.html.

囊萤有话

我选择将宣讲主题聚焦到"核"，不仅仅是因为我是来自能源学院的学生，也是因为在生活中我看到、听到身边太多人对"核"感到恐惧。作为一名掌握核能专业知识的能源学子，面对普通人包括身边许多非本专业同学"谈'核'色变"的固有认知，我本次宣讲的目的就是发挥所学，尽己所能传播核安全文化，希望可以在引导青年大学生理性思考国家发展强核科技的必要性和重大意义方面，贡献自己的微薄之力。

在撰稿期间，我遇到了一个棘手的问题，那就是这种类似科普类的宣讲，科学知识本身是枯燥晦涩的，而宣讲面向的听众大部分是非专业的人群，我需要在科学的学术严谨与文字表达的通俗易懂之间找到平衡。

我在中国核能行业协会等官网上把一个个晦涩难懂的专业术语琢磨透后，再将这些术语加工成易于理解但不失专业的表达。拿着写好的文字，我与专业老师和指导老师进行了30余次的探讨修改。历经多次打磨，我的讲稿逐渐成形。感谢"囊萤星火"青年讲师团，让我可以站在更大的舞台，向更多人讲述令我自豪和感动的中国核电故事。每一次宣讲也是我自己的宣言，与众多优秀的青年讲师团成员同行，也让我更加坚定自己的理想，我将在新能源领域一直学习耕耘，为强核科技建设贡献自己的力量！

"青"说囊萤

保障能源安全、建设能源强国是每一个能源学子的光荣使命，能源安全是总体国家安全观的重要组成部分，核安全更是题中应有之义。我很欣喜地看到，我们能源学子不仅仅可以在专业领域侃侃而谈，还可以成为专业知识的科普者，向更多人展示令人心潮澎湃的中国能源故事。刘一静同学的宣讲从介绍国家名片"华龙一号"破题，以科学的数据为佐证，向身边大学生和小学生讲清楚核电的清洁、安全、高效，也阐明了实施"双碳"战略发展强核科技的必要性，更点出身为能源学子身上所肩负的责任与使命。这样的宣讲既是有意思的科普，更是有意义的思想引领。

厦门大学能源学院　罗俊峰（党委副书记）

我在刚入学时就有幸听到一静学姐的宣讲，确实像学姐在宣讲开头所说的，如果对核能没有深入了解，我们大部分人提到"核能"二字，都会联想到核泄漏、核爆炸等不好的词汇。很久以来，"核"似乎总与灾难息息相关，今天，学姐的宣讲更新了我对核能的认知，核能原来也可以是清洁的、可以是高效的，核能的应用与发展对于解决资源紧缺、环境恶化等问题具有重要意义。这次宣讲使我大受激励，让我知道学好专业知识的重要性，也让我看到能源知识科普的必要性，我们不仅可以是知识的接收者，还可以成为知识的传播者。

厦门大学能源学院　李婕祯

从此刻，向未来，"手"护健康中国梦*

厦门大学医学院　陈茹晴

谈到健康，我们眼前一定会浮现"大白"的身影，那么我想问问大家，你们知道对于一位医护工作者而言，身上最重要的部位是什么吗？

有人说，手是外科医生的生命线。但有这样一位医者，他的右手异于常人。他的食指指尖向大拇指方向蜷曲，像个弯钩；而中指的

---

* 此宣讲作品曾获厦门大学"党课开讲啦"主题微党课大赛校级三等奖、厦门大学翔安校区党的二十大精神主题微宣讲比赛一等奖。曾在2022年10月"强国有我　青春向阳"——"'强国有我'青年说"第二季暨厦门大学新生团员"同上一堂主题团课"活动、2022年12月"奋斗正值青春　强国复兴有我"——厦门大学学习宣传贯彻党的二十大精神"青春思政微课"、2023年3月"学习贯彻二十大　团结奋斗新征程"——厦门大学翔安校区学习宣传贯彻党的二十大精神主题微宣讲、2023年10月"淬炼升华砺青春　挺膺担当新征程"——厦门大学"囊萤星火"青年讲师团"青春思政微课"、2023年10月厦门大学公共卫生学院"薪火相传奋青春　砥砺前行担使命"团校暨骨干培训上进行宣讲。

指尖向无名指方向蜷曲。摊开手掌，如果不刻意并拢，食指和中指的第一节就会形成一个小小的"V"形。

这位医者，名为吴孟超，就是用这样一双变形的手，握着柳叶刀，书写了一部辉煌的肝胆春秋。

时间拨回到1958年，36岁的吴孟超回想起白天外国医学专家访问团的傲慢怎么也睡不着。"中国的肝脏外科现在还没有起步，你们要想赶上世界，至少也要二三十年的时间。"这句话，像是扎在吴孟超心头的一根刺。

20世纪50年代，世界肝癌病例一半以上发生在中国，与之相对应的，是我国一片空白的理论研究和临床治疗。肝脏，就像是一团充满血液的海绵，一碰就会出血，肝脏手术几乎无人敢触及。吴孟超偏不信这个邪。

为了弄清楚肝脏各部位血管的走向和分布规律，吴孟超翻遍了所有文献，但经过120多个日夜、20多种材料的不断尝试并无任何进展。绝望之际，一则新闻给了他灵感。

"这颗乒乓球，不就是最好的制作材料吗？"一念而起，随后又是200多天的无数次实验。这次，吴孟超用一个乒乓球让中国人第一次看清了肝脏。

从翻译著作再到动手制作100多个肝脏标本，从无到有，吴孟超亲手开创出了中国新的医学领域——肝脏外科，且仅用7年时间，就让中国迈进了国际肝脏外科的先进之列！

20世纪60年代起，以吴孟超为首的几代中国专家不懈奋进，肝癌从不能治到可治。时间穿梭，一代代中国医生守正创新，我国的肝脏外科进步迅速。2022年初，国家卫健委医政医管局发布《原发性肝癌诊疗指南》。新方案、新疗法以及中国特色被写进了指南！

吴孟超等一代代中国肝脏医学专家将临床治疗和科学研究同步进行，为守护人民的健康筑起了一道重中之重的防线，他们是建设健康中国的第一批践行者！

还有这样一群医者，在疫情防控一线，我们看不清他们的模样，但总能看到他们忙碌的双手。

"90后"青年，厦门大学附属翔安医院急诊医学科护师张楠是医院第一个被确认接受援鄂任务的医务工作者。结束一天劳累工作的她脱下一层胶手套、一层塑料手套，眼前的手却十分陌生。

刺鼻的消毒水味道扑面而来，被汗水浸泡的双手几近苍白，手心像老松树皮，密密麻麻满是沟壑。而恰恰是这双手，用有条不紊的操作给予患者力量，又拿起画笔为病房带来欢声笑语。

在抗疫前线，患者在密闭的病房里要么抑郁焦虑，要么恐惧不安。张楠想要打破这种被隔离的沉闷，决心做点什么。

"今天是小龙女给我扎的针，她扎得不疼。""今天是雷震子给我打的水！"这样的说法出现在很多患者口中。

张楠在防护服上绘画的《哪吒传奇》系列、《西游记》系列等中的耳熟能详的动漫人物，为患者减轻了压力，给只有生与死两种颜色的隔离区带来了鲜活的色彩。

"我来自闯关东的东北，学习石油铁人精神、北大荒精神，熏陶在陈嘉庚先生的爱国情怀里。新冠肺炎不管再危险也挡不住我热爱祖国的步伐，多年的入党之心，从不曾改变。"2021年3月，在湖北驻地的党旗前张楠举起右手庄严宣誓，火线入党。

"把保障人民健康放在优先发展的战略位置"，这是党和国家重视人民生命健康的郑重承诺，也是医务工作者的根本遵循。医者仁心，护佑生命。不管在抗疫一线，还是回归到常态化的科学研究和医疗诊治，张楠同全国近1400万名卫生与健康工作者一道"全方位全周期保障人民健康"，奋力书写守护人民健康的新篇章！他们是建设健康中国的奉献者！

飘扬的党旗同样见证了另一位特别的宣誓人。2012级厦门大学医学院硕士研究生朱茂述跟同学们分享自己作为优秀党员的先进事迹。

"在生活中你如何被打倒并不重要，重要的是你如何站起来。"这就是朱茂述，一个身残志坚的当代大学生最朴实的语言。他是山东胶州农民的孩子，九岁时患小儿麻痹症导致双腿残疾。命运的不公并未使其自怨自艾，反而想着用自己健全的双手为别人多做一点什么——"生病挺痛苦的，医生能减少病痛挺神奇的，所以我想当个医生。"命运这回终于拐过一道弯，2012年他被厦门大学医学院破格录取为硕士研究生，2014年他被评为"中国大学生自强之星"，"自强哥"朱茂述身体力行，诠释了厦大"自强不息"的精神。

吴孟超以几近变形的右手为武器，在肝脏这块方寸之地破译生命密码，拯救我国千万备受肝脏疾病折磨的人们；张楠用发白发皱的手拿起画笔勾勒革命乐观主义精神；朱茂述长期拄拐的左手神经早已损伤，但他仍向命运的不公发出挑战，并且期待着用自己的双手履行医生的职责。

因为这些千千万万守护人民生命健康的卫士，健康中国的蓝图在我们面前缓缓铺就。

作为新时代的青年一代，我们有幸见证了世界上规模最大的基本医疗保障网的建成，强大的公共卫生保障体系正在逐步完善，老百姓从"看病难"、"看病贵"到"病有所医"，幸福感增强了！

习近平总书记在党的二十大报告中提出，"推进健康中国建设……把保障人民健康放在优先发展的战略位置，完善人民健康促进政策"。

国民健康是立国之基，个人健康是立身之本。建设健康中国，我们每个个体都是健康的第一责任人。

我们应当一起携起手来，让国民更加身强体健，成为建设健康中国的一颗坚韧的"螺丝钉",成为建设健康中国的参与者。

从此刻,向未来,"手"护健康中国梦,我,我们一起行动!

参考文献

1. 缅怀医者吴孟超院士:他有一双和常人不太相同的手[N].人民日报,2021-05-22.

2. 吴孟超和他的225平方厘米战场[N].光明网,2021-05-26.

囊萤有话

"你知道一个苹果的故事吗?"坐在学院的办公室里,我紧紧跟着宣讲者的声音与动作，深深地沉浸在他讲述的故事里。在学校面向发展对象组织的一次党课上，我第一次认识到"囊萤星火"青年讲师团。尽管只是收看现场转播，我还是如临其境，听得很是入神。我的内心很震撼，我第一次知道深奥晦涩的理论知识原来还可以通过创新宣讲的形式，使得配乐、幻灯片与讲师的演讲浑然一体，让理论变得更加生动活泼。我对舞台充满了向往，我不禁问自己——如果我也有站上舞台的机会，我也可以像他们一样侃侃而谈吗？在这里，我特别想感谢讲师团的刘莹老师，她发现并挖掘了我的演讲天赋，于是，我光荣地成为讲师团第三批成员。

我是一名医学专业的学生，因此在选题、撰稿初期，指导老师给了我"健康中国"的宣讲主题，希望我可以以一名医学青年的身份把"健康中国""医者仁心"的故事讲给更多人听。

我一边收集素材，一边一片片拼凑讲稿雏形。当我把初稿交给学院的林育坪老师时，他指出了一个深刻的问题，剪辑高手会通过巧妙的转场把片段无缝衔接，而要让故事更加吸引听众，在讲述的过程里，就要通过承接把故事更顺畅地串起来，不要留给听众"出戏"的机会。我分别讲述了吴孟超院士、张楠护师、朱茂述学长坚守岗位，为我国医学事业做贡献的故事，老师启发我应该在三个故事里找共性，在伟大中找朴实的落脚点。最终，一个小小的细节——医护人员的"手"，他们用双手护卫人民的生命健康，守护，亦是

"手"护，这一点成为衔接三个故事的关键线索。

得益于讲师团，我真的像之前所憧憬的那样，站上舞台，带着更多人走进医生的故事。"你知道吗？你的讲述让我起鸡皮疙瘩！"这看似玩笑的反馈，让我倍感满足，要让听众走进故事，故事首先必须能触动自己。这一点，我深有感触，因此当我每一次走上舞台，我都会带着对医学的热忱、对前辈们的崇敬，把医护人员平凡中的伟大讲给更多人听。

"青"说囊萤

"让人起鸡皮疙瘩"可能是评价一场宣讲足够动人的最朴素的标准之一，作为她的指导老师，我见证了茹晴是如何一步步把故事讲得更生动、更感人。在她的宣讲下，故事被鲜活地呈现在眼前，我们能清晰感受到她对故事细节丝丝入扣的描述，还有她与故事内核共振的情绪力量，她总是可以通过饱含感情的讲述很快调动听众的情绪，或是在宣讲过程中抛出问题引发听众的思考。我们总说，文字比枪炮更有力，而好的宣讲能让文字穿透每个人的心灵，引动一场思想深处的地震。我想，讲师团的茹晴同学做到了！

厦门大学医学院　林育坪（指导老师）

从汉字中窥见中华文化的"精气神"*

厦门大学公共事务学院　杨圆圆

在演讲开始前，我想先给大家看一串数字：91251，6000，28。这些数字从大到小，代表什么意思呢？其实，它们从时间和空间多个维度都指向同一个主题——中国汉字。

我们考查汉字字库，至今收录有出处的汉字达91251个，而这近10万个的汉字自创设至今已有6000多年的历史。这种走过千年岁月、

---

* 此宣讲作品曾获"学习二十大，永远跟党走，奋进新征程"——厦门青年宣讲比赛市级一等奖。曾在2022年12月"奋斗正值青春　强国复兴有我"——厦门大学学习宣传贯彻党的二十大精神"青春思政微课"、2023年3月"青春筑梦新时代　雷锋精神永传承"——厦门大学"囊萤星火"青年讲师团走进逸夫中学"青春思政微课"、2023年3月"闽山闽水物华新　青春逐梦新征程"——厦门大学"囊萤星火"青年讲师团"青春思政微课"、2023年5月厦门大学"囊萤星火"青年讲师团走进厦门一中宣讲活动、2023年6月厦门大学"囊萤星火"青年讲师团走进演武小学"青春思政微课"、2023年10月"淬炼升华砺青春　挺膺担当新征程"厦门大学"囊萤星火"青年讲师团"青春思政微课"、2023年10月厦门大学公共卫生学院"薪火相传奋青春　砥砺前行担使命"团校暨骨干培训班上进行微宣讲。

纷繁复杂的文字归结到最基本的笔画，却只有仅仅28种。横平竖直皆风骨，撇捺飞扬是血脉，正是这28种笔画相互组合，造就了如今浩瀚的汉字体系。汉字是中国历史的载体，它与绵延五千多年的中华文明一样，是人类文明史中不同寻常而又光彩夺目的奇葩。今天就让我带领大家走进汉字的世界，一同感受汉字中的中国智慧与中国力量。

在中国，凡有一物，必有一名；凡有一名，必有一字。中国的汉字系统是一个巨大的文字世界，它自成体系，盘根错节，井然有序，又悠然自得。中国人还在牙牙学语时，汉字便深植进生活的方方面面。我曾就读的小学每周都会开展书法课，而我十分幸运遇到了一个对书法葆有虔诚的老师，他总是耐心地为我们讲解每一个汉字。

比如甲骨文中的"爵"字，它本身就寓意着酒器，字形也像极了一个器皿，刻在兽骨上数千年不曾盛酒，笔画游转间我却能隐隐嗅到杯中之酒的醇香；还有"龙"字，字尾一笔飘逸的竖折勾，舞动出了巨龙腾飞的姿态，像极了李白翻飞的衣袖、战场猎猎的旌旗。汉字的精妙不仅在于其字形，还在于其意蕴：当我们看见"袅袅"二字，眼前似乎出现几缕清浅的白色炊烟悠然而上、攀上云端；而"盈盈"二字又将一幅河流满溢、水波荡漾的动态画面奉于眼前……中国汉字在被创造的时候，它的构造就代表了一层含义、一个道理，甚至是一段故事、一种文化。

2019年，我前往陕西羊山的一个偏远乡村进行短期支教，担任书法老师，毅然接过我的老师曾担过的担子，带着当地的学生们一同走进汉字世界。在孩子们眼中，汉字不过是书本上的简单字符，但我想说，汉字不仅仅是一种书写载体。在我们这个广袤的宇宙里，有一个字从来都居于核心，那就是"中"字。我们现在通常将其运用在方位上，不东不西不南不北，即为中。而在最初的甲骨文里，"中"像极了一面旗帜，旗帜自古就有军事意义，战争时旗帜掌握在王者手中作为指挥之用，因此"中"又是权力的象征。而在哲学层面，中则代表了一种处世态度，为人处世讲究中庸之道、恰到好处。透过这一个简单的"中"字，世间万物都有了定位。仅仅触摸这一个字，我们现在仍可感受到数千年前，商朝人将脚下土地看作被四周方国围绕的世界中心时，内心的豪迈宽广；我们仍可体会到古人深知宇宙浩瀚、自然可畏、生命可敬，坚守于"中"的语重心长。

一个字，便可寄托人们的所思所想，这便是古人的智慧，这便是汉字里所体现的中国智慧。

在今天，国家大力推行"书法进课堂"，而研习书法最容易犯的错误便是笔画绵软，体现不出汉字本身的力量与风骨。

我们常说颜筋柳骨，但不仅仅正楷需要通过横平竖直来体现力量，便是行云流水的行书、草书也不能失去力量的支撑。那这种力量究竟从何而来？对此，我的理解曾经局限于书写的力度，想着在笔与纸的碰撞中体现这种力量感。但渐渐地我意识到，或许真正的力量不仅仅存在于笔画之上，力量是由人赋予的。人们将自己加诸汉字，使得汉字本身就已经蕴含了丰富的意蕴和喷薄的力量，后人感悟到汉字背后的精神并将其内化于心，如此才能宣之于笔。

这是卫国戍边英雄陈祥榕未寄出的家书，"亲爱的妈妈"几个字不会因为只是用铅笔写在皱皱巴巴的纸上，就失去那令人辛酸的感动；重温少年时的情书，遇见那个他时瞬间的悸动依然不减分毫，顺着早已褪色的字迹闯入我们心中。汉字里所蕴含的感情，或沉郁悲苦，令我们掩面叹息；或豪迈奋发，令我们斗志昂扬，而这种情感与力量，从来不会因为书写载体、书写方式或所呈现的书体有不同而受到任何削减。

从古至今，无数人借汉字承载自己的精神力量：岳飞的母亲在岳飞后背刺下"尽忠报国"四个大字，一笔一画皆是刻骨铭心的报国赤诚；张自忠在最后一封家书中写道，"为家国民族死之决心，海不清，石不烂，绝不半点改变"，寥寥数语，却是一代国之重臣的铁胆忠心；中印边界的崖壁上，"大好河山，寸土不让"八个字如山似墙，体现的是中国军人誓死将敌寇拦在国境之外的中国脊梁。而我们所提到的这所有的精神力量，都可以倾注到一个汉字上，那便是"国"。鲁迅弃医从文，直面麻木的社会奋笔疾书时，心里想的是"国"；坚守孤岛32年的守岛人，在暴风雨的夜里辗转反侧，反复念叨的是"国"；各地医护人员逆行在疫情最前线，面对疾风骤雨般袭来的恐怖病毒时，眼神里闪烁的是"国"。一个"国"字，是定心丸，更是引路石，承载着从古至今中华民族炽热的心与灵魂。我想，这就是汉字所带给我们的精神力量。

汉字创造之初，或许只是用来记录，商人以细致的观察和惊人的想象力，将日常生活中的所见、所为、所感转化为字符，刻在龟甲和兽骨上。质朴的中华民族更在这以后的几千年时间里赋予了汉字无限的智慧与精神，于是最朴素的目标创造了巅峰的艺术。《淮南子·本经训》里写道："昔者仓颉作书，而天雨粟，鬼夜哭。"传说汉字被创造出来那天，老天爷感动地用粟米下了一场雨，魑魅魍魉因为无处遁形而惊吓得在夜晚大哭，因为汉字就是一道光，它穿越时间，却又一脉相承，照亮了我们这个文明之前的蒙昧与黑暗，自此，中国人所有的知识、情感、思想和精神，都通过汉字一代代流传下来，中华文化就此得以继承与发扬。

习近平总书记在2021年考察福建时强调："如果没有中华五千年文明，哪里有什么中国特色？如果不是中国特色，哪有我们今天这么成功的中国特色社会主义道路？"党的二十大报告也鲜明提出，一个民族的复兴需要强大的物质力量，也需要强大的精神力量。

站在新的历史阶段，我们作为新一代青年，所肩负起的使命便是将汉字融于时代发展的浪潮，而这一切努力都将着眼于一个"新"字。新——新的含义，当前不断涌现的新词极为活跃而灵敏地贴近现实，为千年汉字渲染上新时代的色彩；新——新的形式，开展汉字竞赛活动、开发汉字文创产品、打造汉字品牌文化，用崭新形式延伸传统汉字的璀璨与瑰丽；新——新的走向，汉字是全体中国人的文字，是流淌着中国智慧与中国精神的一条血脉。汉字对于中国而言是一份宝藏，对世界也同样如此。对于汉字，我们不仅要实现从古至今的文化传承，更要开展从国内走向国际的思想交流。如今遍地开花的孔子学院将无数热爱中国汉字的外国人凝聚在一起，我们相信未来还会有更多人、更多国家深入汉字世界，感受汉字之美。

民族自信始于文化自信，对于汉字，我们应该心存感恩与敬畏，因为我们所写下的一笔一画都浸染着前人高超的智慧，我们所说出的一字一句都闪烁着永恒的中国精神。

陈寅恪先生曾说："凡解释一字，即是做一部文化史。"我们唯有始终坚定文化自信自强，让汉字在心中扎根，让汉字在新时代孕育新生，用汉字讲好中国故事、传承中国智慧、弘扬中国精神，才能推动新时代的中国在前人智慧的引领下始终迈步向前，在先辈精神的指引下始终步履铿锵，才能更好地建设中华民族现代文明，向世界展现中华民族的精气神！

参考文献

1.习近平2023年6月2日在文化传承发展座谈会上的讲话[EB/OL].(2023-08-31)[2024-03-31].http://www.scio.gov.cn/gxzl/srxxxjptzglz/zyjh/202309/t20230904_767346.html.

2.本书编写组.习近平新时代中国特色社会主义思想概论[M].北京:高等教育出版社,2023.

囊萤有话

我出生在中国石牌坊之乡隆昌,故乡高大的青石牌坊、精美的夏布、承载着厚重历史的茶马古道……中华优秀传统文化一直潜移默化地滋养着我，后来机缘巧合下我加入了小学的书法兴趣班，就这么有一搭无一搭地学，前前后后也学了这么多年，书法也逐渐从一个枯燥无味的"写字"成为我生活中的一部分。

在初入讲师团时，老师注意到我爱好书法并对中国传统文化感兴趣，于是启发我以"汉字"为切入点，来讲述以汉字为代表的中国传统文化中所蕴含的中国智慧和中国精神。在宣讲过程中，我也会现场进行书法表演，这也是我宣讲的一个特点和创新之所在。

在这个过程中，汉字之美、文化之深邃也沿着流动的墨汁泻于纸上、融入心中，让更多人能够在宣讲中直观地感受到中国汉字与中华优秀传统文化的魅力，这也是我此篇宣讲的初心。中华优秀传统文化历经历史积淀更显弥足珍贵，而我为自己是传承星火的一分子而倍感骄傲，如何实现中华优秀传统文化的创造性转化和创新性发展，是吾辈青年的一项时代任务，而我也将时刻牢记自身使命，自觉用中华优秀传统文化滋养身心、引领实践、激励创造。

"青"说囊萤

非常有幸在2023年厦门市青年宣讲大赛中听到了厦门大学圆圆学姐的宣讲，学姐的宣讲重故事、重情感，娓娓道来的讲述中充满了饱满的情绪，而这种身临其境的感觉在看到学姐当场手书"中国精气神"时达到了顶点，现场的氛围也顿时被推向了高潮。近些年，传统文化是一个讲得很多的话题，如何把中华优秀传统文化的传承发展讲好、讲出新意，是宣讲的难点，也是每一个宣讲者应该思考的问题。听了学姐的宣讲，我更加清晰地认识到宣讲调动听众五官感受的重要性，如何通过各种可听、可视、可感的方式将单向性的"讲"变成多主体的"联"，是我们应当学习的。

厦门工学院建筑科学与土木工程学院　任曌阳

闽山闽水物华新

"这里的山山水水、一草一木，我深有感情。离开福建以后，我也一直关注福建。在这里工作期间的一些思考和探索，在我后来的工作中仍在思考和深化，有些已经在全国更大范围实践了。"习近平同志曾在福建工作了17年半，开创性地提出了一系列重要理念，推进了一系列重大实践。党的十八大以来，习近平总书记更是对福建发展多次做出重要指示批示。八闽大地的山山水水和父老乡亲，习近平总书记始终牵挂在心。对于习近平总书记的殷切嘱托，八闽儿女字字牢记，大力发扬"敢为人先、爱拼会赢"精神，埋头苦干、勇毅前行，全方位推进高质量发展，奋力谱写全面建设社会主义现代化国家福建篇章。探索实践的点点滴滴，正是波澜壮阔的时代缩影。恰如习近平同志在福建工作时赋诗："挽住云河洗天青，闽山闽水物华新。"

本系列"青春思政微课"围绕学习习近平新时代中国特色社会主义思想，关注习近平总书记在闽提出的各项先进思想与科学论断，聚焦八闽儿女在谱写全面建设社会主义现代化国家福建篇章过程中的奋力探索与实践开展宣讲。宣讲内容聚焦习近平总书记在福建的足迹，选取茶园产业、绿色福建、闽商发展、改善民生等多个方面，结合莆田木兰溪综合治理、军营村茶园建设改造、晋江闽商实业发展、下党乡脱贫攻坚等案例，展示了福建人民感悟思想伟力、汲取真理力量，努力将习近平总书记擘画的新福建蓝图变为美好现实的感人实践。

厦门大学建筑与土木工程学院安鸿洁在宣讲"茶乡来了总书记"时，结合暑期在军营村的实践经历，讲述习近平总书记在村里调研的故事及由此引发的乡村巨变；厦门大学公共事务学院林衍含在宣讲"绘就'只此青绿'的美丽中国新画卷"时围绕莆田"母亲河"木兰溪从"水患之河"到"安全之河""生态之河""幸福之河"的惊喜蜕变，彰显习近平总书记大刀阔斧、科学决策的改革思路和心系人民、情暖人心的赤诚情怀；厦门大学社会与人类学院梁怡婷在宣讲"刻在闽南人DNA里的'爱拼才会赢'"时串联闽商"爱拼敢赢"的激荡奋斗史，弘扬以开拓进取、义利兼容为内核的闽商精神，倡导奋斗新时代，以厚植中国式现代化的物质基础和人文底蕴；厦门大学马克思主义学院尤培林在宣讲"守江山，守的是人民的心"时围绕习近平总书记在福建工作期间扎根八闽、三进下党，终使"五无乡村"下党乡成功脱贫的故事，深刻阐释了习近平总书记深厚的为民情怀和"我将无我、不负人民"的赤子初心。

奋进新征程，建功新时代。本篇章以青春之名，讲述八闽大地上习近平同志胸怀全局、着眼长远、心系民生、求真务实的施政实践，展现八闽百姓牢记嘱托勇于担当，在"机制活、产业优、百姓富、生态美"的持续实践中谱写奋进新征程的壮丽篇章。

茶乡来了总书记[*]

厦门大学建筑与土木工程学院　安鸿洁

一曲高亢嘹亮的莲花褒歌《茶乡来了总书记》，把我们带到了厦门同安区莲花镇高山茶园地区的军营村。今年夏天，厦门大学暑期社会实践队来到这里，重走高山之路，见证乡村之变。今天，我想把高山茶乡的故事讲给你听。

在过去，很多厦门本地人都不知道它的存在。作为厦门海拔最高的行政村，这里曾是贫穷、落后、偏僻的代名词。山上不见树，村里不见路，交通全靠走，通信只管吼，治安交给狗，到处都是矮小破烂的土坯房，百姓连吃一顿饱饭都成了奢望。

直到他的到来，彻底改变了军营面貌。

1986年，时任厦门市副市长的习近平首次来到村里调研，步行数里山路，走访村里最穷的人家，在村民家里拉起了家常，他端起

---

[*] 此宣讲作品曾获"喜迎二十大　青年'说'变化"福建青年演讲比赛省级三等奖。

积垢已久的茶杯就直接喝了，没有丝毫嫌弃。针对军营村贫穷落后的状况，他建议村里多种茶、多种果，发展第三产业。

在政府帮扶下，高山茶逐渐走出了深山。村民们意识到，这万亩山地就是他们的"金娃娃"，家家户户都在开荒种茶。10余年，军营村茶叶的种植面积翻了五番，人均年收入也由280元增长到1700多元。

1997年，习近平总书记再次来到军营村，看到茶园满是欣喜，但得知村民为了制茶肆意砍伐山木，导致了严重的水土流失后，他叮嘱道，既要种茶种果，也别忘了森林绿化，因地制宜提出了"山上戴帽，山下开发"的绿色生态发展理念。

多年来，军营村始终牢记总书记的嘱托，茶叶种植面积已达6500余亩，造林绿化高达9000多亩，村民人均年收入更是在2021年达到了4.2万元，是当年的150倍。村民们也惊喜地发现，守护多年的绿水青山，现已变成了金山银山。越来越多青年选择返乡创业，经营民宿、开发研学路线等，吸引了许多游客前来参观，2021年的客流量竟突破了70万人次。

军营村之行，让我们看到了乡村巨变。这样的故事，不止发生在军营村，在厦门大学也有这样一群青年，为了让更多福建好茶走出大山，走进大众视野，在法律、设计、包装、销售等多方面为茶叶赋能，打造独特的"青选茶"品牌，让更多的"绿叶子"变成"金叶子"，为乡村振兴贡献着我们的青春力量。

一片绿叶富裕了一方百姓，一个理念改变了乡村未来。面对乡村振兴这场大考，福建省始终坚持"农村治理求创新，绿色发展落实处"的奋进姿态，在一个又一个十年，与这生生不息的绿水青山共同见证：沧海巨变，换了人间！

参考文献

1.本书编写组.闽山闽水物华新：习近平福建足迹（上）[M].北京：人民出版社，2022.

2.本书编写组.闽山闽水物华新：习近平福建足迹（下）[M].北京：人民出版社，2022.

囊萤有话

谈到这篇稿子的诞生，我得从"喜迎二十大 青年'说'变化"演讲比赛说起。选择说哪里发生变化是我筹备演讲比赛遇到的最大难题。指导老师看到了我纠结选题的煎熬，提醒我从切身经历中找变化。最终我决定从我去厦门同安军营村的实践经历里提取演讲灵感，跟大家分享厦门同安军营村旧貌换新颜的故事。在那次实践活动中，看着军营村满山绿树茶田，体验淳朴乡村风情，我感受到乡村生活的自在与安逸。在实践中，我了解到军营村曾是厦门"偏僻穷山村"时，这让我看到，茶乡发展的背后是中国乡村的巨变，这便成为我很好的演讲素材。在老师们、导演组的建议与帮助下，历经多次改写、润色，我终于在决赛前三天确定终稿。比赛过程中，我注重"讲""演"结合，以今昔对比和数据突出的方式强调军营村之变。

筹备宣讲，不仅仅是对稿子的打磨，也是我个人的成长历练之旅。我想一场好的宣讲，是让包括宣讲人自己在内的更多青年人，在思想上同频共振，从而得到共同的思想升华。

"青"说囊萤

万事开头难，我们在撰稿备赛初期，就遇到了选题困难。题目的确定对终稿的成形起到重要的作用。考虑到安鸿洁同学自身有军营村的实践经验，我们最终以褒歌调之名《茶乡来了总书记》为题，收集翔实数据，以真挚的情感、场景的再现，来讲述习近平总书记给地处厦门偏远山区的军营村带来的翻天覆地的变化，以此引出如何践行"绿水青山就是金山银山"的发展理念。她在军营村的实地走访中，感受到了当地老百姓的安居乐业；在与村民的交谈中，感受到了习近平总书记的平易近人与为民情怀。这一切的体验都让她的演讲内容更加丰富，表达更具有感染力。在与全省优秀青年选手的高水平比拼中，她不仅充分展示了厦大学子顽强拼搏、勇于挑战的精神，也展现了当代青年学子坚定不移听党话、跟党走的决心。

厦门大学建筑与土木工程学院　郑建斌（指导老师）

我作为学生助理、工作对接人，陪伴了鸿洁学姐比赛的全过程。我们提前一周到达福州，开始了紧张的文稿修改、排练指导、演出准备等各项工作。比赛阵容强大，不乏主持人出身的专业选手。好在学姐抗压能力强，在排练中飞速提升，最终战胜了不少专业选手，舞台效果超棒。还记得福建广电的指导老师说，宣讲稿子、背景视频、现场演绎这几个要素是宣讲成败的关键，只有做到内容有深度，形式有广度，演讲才会深入人心。我们迅速联系了校内几位指导老师，连夜改稿到凌晨4点，对视频的每个细节逐帧核对，又叫上了几个同学做助演，最终呈现出了一场精彩的宣讲，并取得了很好的成绩。

厦门大学建筑与土木工程学院　刘雅茹

在听宣讲的时候，学姐提到"军营村"，我忍不住竖起了耳朵。我是一个土生土长的同安人，早就听说过军营村当地从"山里不见树、锅里不见米"的状况变成如今乡村振兴的范例。但是具体如何振兴、如何脱贫的细节我倒是不清楚。学姐的讲述生动还原了当时军营村如何脱贫的过程，让我对家乡的发展建设有了更深刻的认知。但是这场宣讲不能仅仅用生动有趣来概括，从一个个精确的数据里，我也看到学姐备稿的严谨细致，这种用心与真诚也是吸引我全程投入的要素之一，也感谢学姐可以把我家乡的故事走心地分享给更多人听。

厦门大学电子科学与技术学院　谢泓鑫

绘就"只此青绿"的美丽中国新画卷*

厦门大学公共事务学院　林衍含

在我的家乡莆田，有一条"岸绿、水清、景美"的木兰溪，她灌溉出沃野千里的兴化平原，孕育"海滨邹鲁""文献名邦"，宛如一幅巨大的画卷，在莆阳大地上铺展，被莆田人民亲切地称为"母亲河"。

《闽山闽水物华新——习近平福建足迹》一书中提到"木兰溪畔水安澜"。对于出生在千禧之年的我来说，木兰溪以最温柔的样子陪伴着我成长，是溪流，是江河，更是乡愁。

而在爷爷那一辈人看来，"雨下东西乡，水淹南北洋"的情景占据了木兰溪印象的半壁江山。

---

* 此宣讲作品曾在2023年3月"闽山闽水物华新　青春逐梦新征程"——厦门大学"囊萤星火"青年讲师团"青春思政微课"、2023年6月厦门大学"囊萤星火"青年讲师团走进演武小学"青春思政微课"上进行宣讲。

"家家筑有挡水之室,户户常备浮水之具。"这句流传在莆田民间的俗语道出了当时人民苦于水患的辛酸。曾经的木兰溪平均每十年发生一次大洪水,每四年发生一次中洪水,小灾几乎年年有。

洪水一来,老人小孩就躲到用来救命的大木桶里,由年轻人推着往高处逃生,等洪水慢慢退去。驯服木兰溪成为世世代代莆田人民的梦想。

时间回到1999年10月,第14号超强台风席卷莆田,洪水猛涨,木兰溪转瞬成灾。一夜之间,全流域近6万间房屋倒塌、45万亩农田被淹、近3万名群众寄居他乡、2万名学生被迫停课……

时任福建省委副书记、代省长的习近平站在木兰溪决口的张镇村一带,面对当地的干部群众,坚定地说道:"是考虑彻底根治木兰溪水患的时候了!"一个郑重承诺,许在了世纪之交,成为新中国水利史上"变害为利、造福人民"的生动实践。

习近平同志倾注心力,请来国内权威水利专家,推动全国首个"软基河道筑堤"物理模型实验;并找到"软体排"技术,通过了水利部的技术鉴定,让洪水过堤时,不至于把防洪堤冲毁。

短短2个月时间内,他3次来到木兰溪防洪治理工程现场调研,指导难题,与6000多名干部群众、驻军官兵一起参加义务劳动。在接受记者采访时,他说道:"我们支持木兰溪改造这个工程的建设,使木兰溪今后变害为利、造福人民。"木兰溪防洪治理工程建设由此拉开序幕,一期、二期、三期、四期,一步一个脚印地扎实向前推进……莆田人民根治水患的千年企盼终于照进现实。

2003年,木兰溪"裁弯取直"工程完成,原来16公里的行洪河道,裁直为8.64公里。2011年,两岸防洪堤实现闭合、洪水归槽,结束了莆田市主城区不设防的历史,为千年水患画上了休止符。

曾经饱受洪灾的蒲坂村如今已发生翻天覆地的变化:家家户户盖起小洋楼,条条道路干净整洁,所到之处皆呈现崭新的面貌。村民看着现已亭亭如盖、枝繁叶茂的榕树,动情地说道:"这是1999年12月14日,习总书记亲自种下的榕树啊。"榕树在供村民休闲纳凉的同时,也见证着木兰溪治理后沿岸群众安居乐业的美好生活。

"新蕾清香萦绛帐,溪流活水润英才。"这是悬挂在新溪小学前的一副对联,它讲述着学校和木兰溪的渊源。

随着木兰溪防洪治理的展开,学校再未受到洪水侵扰。为此,学校师生努力践行习近平同志的科学治水理念,确立了前瞻性的办学主张——让每一个生命都得以绿色成长。

木兰溪被驯服了,但治理的脚步没有停止。二十多年来,莆田市牢记习近平总书记的嘱托,坚持一张蓝图绘到底、一任接着一任干,持续推动木兰溪全流域综合治理,在更高水平上彰显生态之美,让木兰溪变成广大市民看得见、摸得着的绿色福祉。

以木兰溪为核心，市中心主城区打造65平方公里的"生态绿心"，汇集水脉、绿脉和文脉，重新雕塑城市生态功能，拉近人与自然、城市与自然之间的距离，实现市民出行300米见绿、500米见园。

治水引来百业兴。有了木兰溪的灌溉保障，425平方公里的下游平原地区旱能灌、涝能排，流域内每亩耕地效益从2000元升至7000元。

荔枝、桂圆、枇杷、文旦柚更是成为响当当的农业金字招牌，食品品牌国际化日益凸显。

曾经的水患洼地蜕变为经济发展高地，工艺美术、电子信息、食品加工等一系列产业园区粗具规模，绿色产业项目相继落地开花结果。

现在的木兰溪，已经从昔日的"水患之河"，变成了"安全之河""生态之河""幸福之河"，实现了让人由"怕"到"爱"的蝶变。

2021年，实施木兰溪综合治理写入国家"十四五"规划和2035年远景目标纲要，作为党的百年奋斗历程成果亮相中国共产党历史展览馆。2022年，木兰溪流域成为全国唯一以流域命名的"绿水青山就是金山银山"实践创新基地。

沉甸甸的荣誉不是终点，而是新生活、新奋斗的新起点。

木兰溪"人水和谐"的生态图景，是习近平生态文明思想的生动实践和重要成果。也恰恰是这样的生态观，才有厦门市筼筜湖从昔日人人绕行的臭水湖变成高颜值花园城市的"会客厅"，才有长江黄河源头"千湖美景"重现，并且转化为"一江清水向东流"的行动自觉。

"人不负青山，青山定不负人"，良好的生态环境已然成为人民幸福生活的增长点和经济社会持续健康发展的支撑点。

党的二十大报告中指出："尊重自然、顺应自然、保护自然，是全面建设社会主义现代化国家的内在要求。必须牢固树立和践行绿水青山就是金山银山的理念，站在人与自然和谐共生的高度谋划发展。"每个假期，我都会和爸爸妈妈到木兰溪边散步，我们捕捉到了很多美好画面：人们在溪边自由自在地打牌、垂钓、快走……青少年宫、科技馆、图书馆一字排开，随处可见三三两两的市民休憩玩乐。这里，已经成为莆田宜居、宜业、宜游的新乐土。

我想，推进美丽中国建设是人人参与、共同享有的事业，作为青年人，我们在享受绿色发展生态福利的同时，也要心怀感恩，争做生态文明的坚定信仰者、积极传播者和模范践行者，让祖国的天更蓝、山更绿、水更清，争当"只此青绿"的展卷人！

参考文献

1. 范镇杰,叶茗媛,韦日平.论习近平生态文明思想中的"人民至上"价值理念[J].广西社会科学,2023(9):62-69.

2. 钟贞山,吴东纳.习近平生态文明思想引领美丽中国建设的原创性贡献[J].河海大学学报(哲学社会科学版),2023,25(6):1-8.

3. 朱远,陈建清.生态治理现代化的关键要素与实践逻辑:以福建木兰溪流域治理为例[J].东南学术,2020(6):17-23.

4. 本书编写组.闽山闽水物华新:习近平福建足迹(上)[M].北京:人民出版社,2022.

5. 本书编写组.闽山闽水物华新:习近平福建足迹(下)[M].北京:人民出版社,2022.

囊萤有话

"是溪流,是江河,无需更名;论大小,论长短,不必丈量。她,化水为乳,滋养着一座'古府新市';她,以血为脉,成就了一座'文明新城'。这里屹立着千年长堤、百代雄陂的治水传奇,她就是莆田人民的家乡河——木兰溪。"

这是2017年木兰溪获评"全国十大最美家乡河"的颁奖词。当我第一次看到这个颁奖词的时候,备受感动,因为莆田正是我的家乡。我自小生长在溪边,从老一辈嘴里听到了许多关于木兰溪的动人传说,从昔日的水患之河成为今天的安全、生态的最美家乡河,它承载着乡民的悲欢与希望,也诉说着人民对美好的追求。我想,有机会一定要分享关于木兰溪的故事,这个梦想终于在我成为"小囊萤"后变成了现实。

在磨稿的过程中,我重回木兰溪治理展示馆,和讲解员探寻母亲河的故事;回到老家和街坊邻居闲谈,理解他们心中的母亲河。我被治水中的担当精神、科学精神、斗争精神和奋斗精神深深感动,也愈发希望和广大青年朋友们分享我的所感所思,鼓舞身边更多的同学争当生态文明建设的先锋者。记得第一次宣讲时,面对满满当当的现场听众和线上直播的镜头,我非常紧张,老师看出了我的不安,拍拍我的肩膀说:"别紧张,已经排演很多次了,相信你的故事一定会感动大家!"宣讲结束之后,当听到热烈的掌声和老师、朋友发来的肯定时,我顿觉之前熬夜写稿、背稿、做PPT，这一切的努力都值了。

🎤 "青"说囊萤

从曾经的"水患之河"到如今带动经济腾飞的"发展之河"，我深切感受到木兰溪的转变，更深刻理解了什么是"因水而生、因水而兴"。作为一名土生土长的福建人，我见证了这几年来家乡的变化，更见证了无数人投身生态建设的责任与担当。在衍含的讲述中，我找到了一种情感共鸣和思想共振，未来我也会更加自觉地把建设美丽中国转化为自身行动，把生态环保意识融入日常行为，为推动中国经济社会发展、全面绿色转型贡献青年力量。

厦门大学公共事务学院　林艺玲

"绘就'只此青绿'的美丽中国新画卷"微课，以木兰溪水患治理为例，让我看到了中国多年来生态建设的斐然成果，深刻感受到绿水青山就是金山银山。美丽中国是古今中国人民不懈努力的目标，也是中国实现发展和协同共生的新路径。习近平总书记指出："我们既要绿水青山，也要金山银山。宁要绿水青山，不要金山银山，而且绿水青山就是金山银山。"生态环境保护和经济发展从来都不是矛盾对立的关系，发展经济也决不能竭泽而渔。这个宣讲让我备受启发，我想，未来我也将积极发挥青年力量，努力结合自身专业能力，以自身之力促进生态保护创新发展。

厦门大学经济学院　韩梦圆

刻在闽南人DNA里的"爱拼才会赢"*

厦门大学社会与人类学院　梁怡婷

我是一个闽南人。说起闽南，很多人第一反应是《爱拼才会赢》这首歌，这也成为许多朋友会说的第一句闽南话："ai bnia zian gue ynu。"这首歌曲发行于1988年，当时改革开放正如火如荼地进行着，在那个大展拳脚勇闯事业的时代，《爱拼才会赢》这首歌一下子唱响了闽南人的心声，再次唤醒闽南人血液里漂洋拼搏、闯荡四方的基因密码。

闽南依海而生，自古就是通商裕国的陆上口岸。"卖三占钱土豆也要做头家"，闽南人凭借极强的创业能力和经商天赋使得"闽商"

---

* 此宣讲作品曾在厦门大学第十八期学生骨干培训暨团校第十三期学习班暨"囊萤星火"青年讲师团"青春思政微课"，厦门大学"囊萤星火"青年讲师团走进演武小学"青春思政微课"，北大遥感博士生党支部、清华车辆与运载学院、厦大"囊萤星火"青年讲师团联学联讲活动上进行宣讲。

成为自古传承至今的商帮。

近代伊始,港口重启,开放的环境和开拓的视野再次重塑爱拼敢闯的闽南商人。广纳天下来客,勇闯世界大千。在近代的闽南,不计其数的华侨出海闯荡、艰苦创业,既是对小家守护的拳拳赤子心,更是实业兴邦的殷殷报国情。"靠自己的骨头长肉"的"爱拼敢赢"精神,使得无数华侨接续奋斗,在南洋闯出自己的一片天地,又回归祖国家乡,为乡土换了一片新天地。

到了现代,"爱拼才会赢"的故事还在不断书写。正所谓"靠山吃山,靠海吃海",一个地区的发展常常陷入"坐吃山空"的窠臼。但闽南却有一处神奇的地方,尽管位于东南丘陵,东邻台湾海峡,山水具备,仍另辟蹊径,以贸易和轻工业发家。这里的人骨血里刻着与生俱来的敢想敢拼,尽管前路迢迢,却只管乘风破浪,逐梦商海。这儿就是习近平总书记在福建省任职省委副书记和省长的6年中,曾7次调研的地方——福建省晋江市。

2022年的北京冬奥会,晋江品牌科技成为运动员们大展身手的"武林秘籍","冰上鲨鱼皮"、"氮科技"发泡中底等竞技装备闪耀冰雪赛场。在地可助力冬奥赛场,上天也难不倒晋江制造:航天员用恒安"心相印"消毒柔湿巾洗脸、穿着配有浔兴拉链的航天服、脚踏99克的安踏氢跑鞋……"上天入地"的晋江制造活跃在大国的顶尖舞台,可见晋江板块的实力。可是,谁又能想得到,40多年前的晋江还是一块"人稠山谷瘠"的贫困之地呢？

晋江经验孕育的巢床，正是晋江人的"穷则思变"。

改革开放初期，晋江县陈埭镇的群众从"高产穷镇""高产穷村"的现实中，深刻感受到"无农不稳、无工不富、无商不活"的道理。他们奋起突破陈旧思想对经济发展的束缚，组建乡镇企业，形成"市场—技术—原材料"的模式。至此，1984年的晋江县陈埭镇成为福建省第一个亿元镇。

陈埭的崛起给乡镇经济的发展以极大的启发，不计其数的乡镇企业如雨后春笋般涌现在晋江大地。他们学习、仿效陈埭的成功经验，至20世纪80年代末，已经形成晋江经济整体的一种发展模式，"晋江制造"的服装鞋帽等丰富的日用品在国内外都打出了一条销路。

"不知道在座的各位都穿什么品牌的运动鞋？有没有今天穿着安踏的？"安踏品牌现在已然家喻户晓，而当年的安踏甚至还没有现在的品牌名称，只有创始人丁世忠和他从陈埭镇带去北京的600双晋江鞋。

当时的丁世忠，面临几个销售难题：第一个问题是没品牌，打造不出属于自己的市场。他的解决方案是，拒绝一味做"大牌"代工，而是要创造属于自己的品牌。于是便有了蕴含"安心创业、脚踏实地"之意的"安踏"。

有了品牌名称之后，第二个问题接踵而至，安踏没有宣传和推广同样打造不出自己的品牌，打不开市场。他思来想去，做了一个当时许多人都难以理解的决定：1999年，在资金紧张的情况下，斥巨资签约了当时著名的乒乓球运动员孔令辉作为形象代言人，又不惜重金在央视打广告。而这些钱几乎占到了当时安踏全年利润的80%。一年后，在2000年悉尼奥运会上，孔令辉获得奥运会冠军，名声大噪，安踏也随之成为全国知名的运动鞋品牌，销量暴增，销售额从2000多万元突破了2亿元。丁世忠自此开创了"体育明星+央视平台"的营销模式，引来晋江其他鞋企的效仿。那时央视五套体育频道一度被戏称为"晋江频道"。

丁世忠在后来的采访中提道："做品牌，是当年我们做的最正确、最果断的战略选择……"做自己的品牌，做内销市场，做中国人能买得起的鞋——丁世忠一路披荆斩棘，危中寻机，爱拼敢赢，带领安踏从晋江一家不知名鞋厂，发展至今天中国第一、世界前三的运动品牌。这场轰轰烈烈的打造品牌运动，从整体上推动了晋江的产业升级。

安踏的成功，融入晋江经验成长的一环，无数类似安踏般的旺盛枝丫，将"晋江经验"传播至中华各地。晋江经验，不仅源于晋江人的"穷则思变"，更是他们始终坚持在顽强拼搏中不断创新、锐意进取的体现。

要看银山拍天浪，开窗放入大江来。晋江从一个落后县成长为可以提供"晋江经验"的头部百强县，其华丽逆袭的姿态犹如闽南文化沃土上开出的一朵改革之花，绽放的花香悠扬在历史夹层中，至今沁人心脾。

到如今，晋江坐拥中国伞都、中国鞋都、全国食品工业强市、中国陶瓷重镇等16个"国字号"区域产业品牌，产值亿元以上企业超过1200家。七匹狼、恒安、特步、达利等驰名品牌继承晋江经验，在每一位闽南人、中国人的生活记忆中活色生香。

党的二十大报告指出，"坚持把发展经济的着力点放在实体经济上"，指出加快构建新发展格局，着力推动高质量发展部分。我想，正是坚持从实业出发，才有了今天勇于拼搏、守正创新、与时俱进的晋江。

从实业出发，要做就做到现代化：恒安机器人自动匹配产品的智能生产基地、柒牌的西服吊挂制造车间，以及凤竹纺织的"无人仓储区"等，让我们看到了传统制造业向先进制造业转型的整体趋势与晋江企业引领风潮的气魄与创新精神；

从实业出发，要做就做到国际化："不做中国的耐克，要做世界的安踏。"安踏近年来收购了斐乐（FILA）与亚玛芬（Amer Sports）旗下的始祖鸟等多个国际品牌等，取得骄人业绩，现在安踏正以"单聚焦、多品牌、国际化"的新战略步入新十年；

从实业出发，要做就做到既有"匠心"，又有"情怀"：凤竹纺织的陈澄清被称为"围着凤竹不停拉磨的老黄牛"，兴业皮革吴华春"一张皮革做到底"，鸿星尔克因向河南灾区5000万元的"破产式捐款"一夜爆红，引发了"野性消费"狂潮。2021年12月，在安踏集团成立30周年之际，安踏创始人丁和木家族投入价值100亿元的现金及股票，成立"和敏基金会"，为共同富裕贡献力量，为晋江批量涌现慈善型企业家打响了第一枪。

如今的晋江，坚持与时俱进、守正创新、敢为人先，在新时代、新机遇、新挑战面前毅然步履坚定，已然成为观察中国道路和中国时代精神的展示区。

习近平总书记曾在2017年金砖国家工商论坛的开幕式上这样说："闽南民众常说，'爱拼才会赢'。这其中蕴含着一种锐意进取的精神。"

晋江的故事，是闽商故事的缩影，是"三分天注定、七分靠打拼"的经典流传，更是闽南"少年郎"青春向阳、勇闯天下的故事。闽商的故事，书写着逢山开路、遇水架桥的闯劲，滴水穿石、百折不挠的韧劲，"爱拼才会赢""实践出真知"的拼劲。我们没有金装加持，但有恒定决心，改革开放至今，我们已然在不现实中创造了现实、在不可能中创造了可能，挟着东南沿海浓浓的海风，不断用勤劳、勇敢、智慧去书写当代中国发展进步的故事。

闽商的成功实践，其实折射着的是14亿多中国人民自强不息的拼搏奋斗史，那是属于中国时代的春风的故事、闯荡的故事、奋斗的故事，是历史的故事，更是未来的故事。

我想，有那么一天，到春风满地时，再回头看，在中华大地这片沸腾的热土之上，有那么一群鲜活肆意的人，在家国故事中种下属于自己的花，活成明天闪亮的光芒。

参考文献

1.宋一平.华侨华人在中国式现代化进程中的独特作用及其实现机制［J］.北京交通大学学报（社会科学版），2024（2）:156-162.

2.刘文波.民营企业参与乡村振兴：行为逻辑与践行路径［J］.甘肃社会科学，2024（2）:206-215.

3.王晓健.以嘉庚精神引领华侨金融发展［J］.中国金融，2024（7）:83-85.

4.郑文全，袁媛，夏春玉.民营企业党建与社会责任承担：共同富裕的一种微观实现机制［J］.经济管理，2024（2）:30-50.

5.吕晓玲，江金瑶.海外华人社区闽南方言研究现状及发展趋势［J］.华侨大学学报（哲学社会科学版），2021（6）:35-42.

6.刘桂茹.爱拼才会赢两岸"斗阵行"：闽台"闽南文化热"透析（2011—2012）［J］.福建论坛（人文社会科学版），2012（S2）:102-106.

7.本书编写组.闽山闽水物华新：习近平福建足迹（上）［M］.北京：人民出版社，2022.

8.本书编写组.闽山闽水物华新：习近平福建足迹（下）［M］.北京：人民出版社，2022.

理·响
——厦门大学"囊萤星火"青年讲师团实录

囊萤有话

我是土生土长的闽南人，从小到大，"爱拼才会赢"的闽南精神一直影响着我，让我不论是求学还是生活，都始终坚持不轻易言败，赤忱热烈地朝上走、朝前看。在中国经济发展的大潮中，福建籍的企业家是其中耀眼的明星之一，这不仅仅源于他们敏锐的经商头脑，更受益于他们"爱拼敢赢"的卓越品质。传承传播优秀的企业家精神内核，从晋江看闽商，再从闽商实践感悟中华民族自强不息、锐意进取的精神，是我选择这个宣讲主题的初衷。

怎么将民族品牌的发展史呈现得通俗易懂？怎么把地区实体经济的发展融入人民劳动奋斗的不朽命题中去？许多问题是我在撰稿

时反复琢磨的。宣讲稿从初步成形到反复打磨，最后能成为声情并茂的一场场演出，离不开指导老师们和听众们的及时反馈指正。目前而言，我觉得虽然宣讲文稿的逻辑是自洽的，内容也相对饱满了，但在展现形式上仍有许多进步和探索的空间。在未来，希望可以将更多有闽南特色的演出形式融入我的宣讲，如闽南话教学互动、实体经济企业发展与个体生活交互体验等，能从多角度、多维度去提升宣讲的魅力，以期达到分享"入脑入心"的境界。

"青"说囊萤

听到怡婷说闽商实践，其实我也很有感触。作为一名广东人，我深刻感受到家乡经历改革开放后经济增长、人民生活逐步美好起来的变化。闽南也是中国改革开放的重要实践地和与世界交流的窗口，"爱拼才会赢"的旋律唱响在八闽大地，更在每一位中国人、华人的心中声声不息，当我们都穿着民族品牌的衣服鞋帽，吃着盼盼、达利等小零食，去看美丽冰雪下的冬奥、浩瀚星海里的神舟时就更加振奋与感动了。希望我们新青年真的去用心学习前辈通过实践流传下的宝贵发展经验，一同不忘初心、自强不息地走好我们这一代人的新的"长征路"，传递好民族复兴伟业征程上的"接力棒"。

厦门大学管理学院　肖美纯

守江山，守的是人民的心*

厦门大学马克思主义学院　尤培林

大家好！我是"囊萤星火"青年讲师团成员尤培林，今天我要宣讲的主题是"守江山，守的是人民的心"。

我想先请问大家一个问题：大家知道在党的二十大报告中，哪个词语出现的频次最高吗？

和大家想的一样，人民、发展、中国共产党这些词语都被反复提及。其中，"人民"一词出现的频率最高，共计177次。由此可见，中国共产党始终把人民摆在首要位置，长期坚持以人民为中心的发展思想，做到发展为了人民、发展依靠人民、发展成果由人民共享。

在福建八闽大地上，有这样一个乡村，它在贯彻落实以人民为中心的发展思想、在脱贫攻坚和乡村振兴中起到模范带头作用，被

---

* 此宣讲作品曾在2023年3月"闽山闽水物华新　青春逐梦新征程"——厦门大学"囊萤星火"青年讲师团"青春思政微课"、2023年6月"以学铸魂　以学增智"——香山街道学习贯彻习近平新时代中国特色社会主义思想主题教育暨厦门大学"囊萤星火"青年讲师团走进基层"青春思政微课"活动上进行宣讲。

授予"全国脱贫攻坚楷模"的荣誉称号,它就是——下党乡。2020年暑假,我第一次来到下党乡。沿着盘山公路,逐渐映入眼帘的是廊桥、流水、人家,有些许村民游客在廊桥亭中交谈休息,柏油路上躺着刚刚掉落的红花,俨然一幅安居乐业的风景画。很难想象,30年前的下党乡,没有公路、没有自来水、没有电灯照明、没有财政收入,甚至政府都没有办公场所,这样的"五无乡村"被外乡人称为"寿宁的西伯利亚"。

一、发展为了人民

就是这样极度贫困的下党乡深深牵动着习近平总书记的心。

1989年7月19日,时任宁德地委书记的习近平披荆斩棘、跋山涉水来到下党现场办公,谋划发展路子,提出率先要解决的问题就是公路。当时,从宁德到寿宁县城,坐车要一天才能到,而下党是寿宁最边远的山乡,距离县城还有45公里。那时的下党仅靠峭壁岩石上一条荆棘丛生的羊肠小道与外界相连。没有公路,村民进进出出都要爬山,商贩们不敢挑液体物品进山,怕摔碎而血本无归,所以村里七成的人没有尝过醋,一半人没吃过酱油……

地僻、山高、岭长,大山曾一度阻隔下党与外界的联系,制约着社会经济和人民生活水平的提高。就这样,下党人守着难以逾越的大山，也守着无法摆脱的贫困。在习近平的指导下，下党乡的村干部们坚定了排除万难修路的决心。立说立行，第二个月，下党公路项目在下拨资金的帮扶下破土动工。1991年1月，下党第一条通乡公路顺利建成通车。路通，业兴。群众告别肩挑背驮的历史，打破交通瓶颈，越来越多的村民能更加轻松地跃出大山谋发展，阔步走向幸福坦途，翻开人生的崭新篇章。

这就是发展为了人民。发展为了人民，就是要从人民群众的根本利益出发谋发展、促发展，不断满足人民对美好生活的需要。

二、发展依靠人民

正是看到了党和政府为人民谋利益的决心和下党乡翻天覆地的变化，33岁的王明秀决定回到下党乡创业。起初，对于创什么业，怎样创好业，王明秀没有任何头绪。在村书记推荐下，王明秀去参加全国致富带头人培训，他开始有了创业助农的思路。

正所谓"高山云雾出好茶"，在下党，最多的就是茶叶，但是整个下党乡却没有一家茶厂，上好的茶叶常年被茶贩低价收购。

在边远乡村，产业的发展不可能单打独斗。产量怎么提升，销路在哪里，怎么卖出去，都是摆在茶农们面前亟待解决的问题。为解决这些困难，王明秀与几位村干部多次商量后，决定打造"下乡的味道"这一品牌，采用"公司+合作社+农户"的产业模式，创办茶厂和合作社，吸收贫困户和茶农入股，开展全国第一个扶贫定制茶园，实现标准化种植和生产，统一推广和销售。"下乡的味道"这一品牌，成功让每亩茶园的收入从2000多元增加到了6000元，村集体年增收10万元以上，带动入社的31户贫困户全部脱贫，下党乡走出了一条特色的脱贫道路。

在下党乡，有100多名像王明秀这样的青年返乡创业，他们发挥各自的优势和特色，着力打造"红色下党"旅游品牌。如今的下党乡商铺云集，游人如织，累计接待游客18.3万人次，让村民直接增收900多万元。

这就是发展依靠人民。发展依靠人民，就是要把人民作为发展的力量源泉，充分尊重人民主体地位和人民群众的首创精神，从人民群众中汲取智慧和力量，依靠人民创造历史伟业。

三、发展成果由人民共享

为什么下党乡的村民愿意响应党组织的号召，加入合作社抱团发展呢？

对穷苦的农民来说，切实拿到手的收入才是硬道理，能让"钱袋子"鼓起来，人民自然就会跟着干。下党乡发挥龙头企业的带动作用，把村民纳入产业发展的系统中，实现了入股分红、合作共赢，让农民可以多劳多得，通过分红提高收入，同时又保障了茶农、企业、村集体资产的收益，实现发展成果共享。

中国式现代化是物质文明和精神文明相协调的现代化。人民群众对美好生活的向往自然包括精神富足，经过党和人民的长期努力，下党乡已经蜕变为远近闻名的"学习小镇"。为配套发展红色旅游，下党乡对古民居和古建筑进行保护性修复和开发，着力完善基础设施，设计建设了一批与下党乡环境相融合的文化服务活动场所，先后完成滴水穿石主题公园、健身步道、文化中心等27个项目建设，解决农村生活单调的问题。同时，下党乡格外注重乡风文明建设，党员干部带头推动移风易俗、发动群众全面推进人居环境整治，以点带面转变生活环境和社会风气。目前，下党乡村容村貌整洁，绿水青山环绕，人民群众生活健康向上，精神文明建设得到了显著提升。

这就是发展成果由人民共享。发展成果由人民共享，就是要使发展成果惠及全体人民，不断保障和改善民生、增进人民福祉，走共同富裕道路。

2018年，下党乡脱贫"摘帽"。习近平总书记给下党乡乡亲们回信，祝贺他们实现了脱贫，鼓励他们继续发扬滴水穿石精神，努力走出一条具有闽东特色的乡村振兴之路。可以说，正是坚持以人民为中心的发展思想，正是把实现人民幸福作为发展的目的和归宿，做到发展为了人民、发展依靠人民、发展成果由人民共享，下党乡才能从贫困乡村蜕变为"全国脱贫攻坚楷模"。

党的二十大报告指出："江山就是人民，人民就是江山。中国共产党领导人民打江山、守江山，守的是人民的心。""人民"二字，重若千钧。因人民而生，因人民而兴，始终同人民在一起，为人民利益而奋斗，是中国共产党立党兴党强党的出发点和落脚点。作为新时代的青年党员，我很荣幸能够见证中国共产党以人民为中心而成就的发展巨变，在当下和未来的日子里，我将把思想和行动统一到党和人民的事业中来，始终和人民想在一起、干在一起，以小我融入大我，让个人理想和实现中华民族伟大复兴的中国梦同频共振，携手创造更加美好的生活，书写新时代中国特色社会主义新篇章。

参考文献

1.黄寿松，杜娟.习近平"人民至上论"的生成逻辑、理论内涵及价值意蕴[J].思想教育研究，2021（4）:3-8.

2.王志凌.下党：一个山乡的幸福嬗变[J].党建，2019（9）:54-55+53.

3.王明生.正确理解与认识坚持以人民为中心的发展思想[J].南京社会科学，2016（6）:1-5.

4.本书编写组.闽山闽水物华新：习近平福建足迹（上）[M].北京：人民出版社，2022.

5.本书编写组.闽山闽水物华新：习近平福建足迹（下）[M].北京：人民

出版社，2022.

囊萤有话

这篇稿子始于一次社会实践，2020年暑假，我跟随实践队第一次来到宁德下党乡。我们访谈下党乡乡长，当谈起习近平总书记给下党村民的回信，乡长脸上洋溢着无比自豪的神情，热情地和我们分享下党乡独创的"扶贫定制茶园"和"公司+合作社+农户"的产业模式及其带给村民的收益。后来在交谈中我们又说起下党乡当地留守老人占大多数，乡村振兴缺乏持久动力时，乡长紧皱眉头，郑重其事地说："我们现在首先要改善条件，发挥好我们的红色党建优势，会一点点地吸引返乡人才。"乡长对群众创收的模式了然于胸，对当下的发展难题更是心中明晰，这正深刻体现了基层干部们时刻牢记以人民为中心的发展思想、把人民幸福作为发展目的和归宿的优秀品质与精神。

自那时起，我深刻认识到人民的重要性，并以此为基础完成了宣讲主题的选择。在设计讲稿过程中，我紧紧围绕"以人民为中心的发展思想"这一主题，按照"发展为了人民""发展依靠人民""发展成果由人民共享"这条主线来论述，在理论逻辑的展开过程中以下党乡蜕变的历史进程为例，努力实现理论逻辑和历史逻辑双向并行。

在成为"小囊萤"的这段时间里，我收获了很多。我本身是一个很喜欢舞台和演讲的人，但在宣讲过程中有时会不自觉地偏向于空讲理论、讲道理。讲师团的老师告诉我，要"上接天线"，更要"下接地气"。作为马院的学生，我有较好的理论基础，在宣讲过程中要更加强化理论阐释的口语化、生活化，这是我在讲师团中所学到的。

"青"说囊萤

"以人民为中心的发展思想，就是把人民幸福作为发展的目的和归宿，做到发展为了人民、发展依靠人民、发展成果由人民共享。"这个理论我们耳熟能详，但要真正在宣讲中把它讲好实属不易。尤培林同学聚焦下党乡从贫困山村蜕变成为"全国脱贫攻坚楷模"的艰难探索和辉煌成就，以小见大，不是简单呆板的理论输出，而是通过故事，让理论更具象化、生动化。这更像是一部精彩丰富的舞台剧，虽然只是一个人的宣讲，但我却仿佛在个人讲述和PPT相得益彰的融合中看到了万千个真正扎根基层、服务人民的楷模身影。

厦门大学马克思主义学院　黄雅彬

青春逐梦正当时

敬教劝学，建国之大本；兴贤育才，为政之先务。1990年6月21日至1996年5月9日，时任福州市委书记的习近平兼任闽江职业大学校长，他曾在接受学生记者团专访时饱含深情地指出，当代大学生"要以国家、民族的振兴发展为己任，树立远大的理想，在时代的奋进中实现自己的人生价值"。从县委书记到党和国家领导人，习近平总书记对青年的谆谆嘱托、殷殷教诲、切切期盼始终如一。厦门大学"囊萤星火"青年讲师团始终坚持把党的重视关怀和习近平总书记的殷切期望转化为共同奋斗的思想自觉、行动自觉，在任何时候、任何情况下都坚定不移听党话、跟党走。

本系列"青春思政微课"围绕"新时代青年挺膺担当"主题，将理论宣讲最终落脚在新时代新征程中拼搏奋进的中国青年身上，宣讲内容选取其中具有代表性的部分人物、组织和事迹，主角涵盖感动中国人物龙梅和玉荣、立志成才报效祖国的青年钱学森、中印边境对峙事件中牺牲的19岁战士陈祥榕、第28届中国青年五四奖章集体获得者厦门大学闽宁协作宁夏研究生支教团等。明天的中国，希望寄予青年，青年兴则国家兴。"小囊萤们"凭借自身动情讲述，向世人展示着中国青年的一脉相承，用奋斗创造美好明天的精神风貌。

厦门大学公共事务学院石浩在宣讲"青春，不以山海为远"时以亲身经历讲述厦门大学研究生支教团367名青年，20多年来接续扎根宁夏西海固，用教育扶贫的模式帮助当地拔穷根、摘穷帽，谱写了闽宁一家亲的青春之诗；厦门大学中文系冯巧梅在宣讲"光影里的青年故事"时细数上下五千年中华儿女接续奋斗、精魂传承的青春故事，更通过当前新青年的砥砺前行向世界发出中国青年的最强音；厦门大学经济学院许薇在宣讲"每一个这样的你我，都是英雄"时以《草原英雄小姐妹》琵琶演奏开场，讲述不同时代下少年英雄谱写青春华章的英雄故事；厦门大学物理科学与技术学院方瑞妍在宣讲"新时代青年当用志气、骨气、底气书写科技担当"时以青年钱学森为例，讲述中国青年凭借自身志气、骨气、底气，凝聚力量、攻坚克难，以科学家精神装点祖国大地、建设世界一流科技强国的壮志豪情；厦门大学管理学院丁颖洁在宣讲"让青春在乡村振兴的广阔舞台上'起舞'"时以自己作为厦门大学学子推广永春"青选茶"助力乡村振兴的奋斗故事为例，鼓励广大青年在乡村振兴的广阔舞台上大放异彩、携手共舞。

新时代青年要不负时代、不负韶华，要以朝气蓬勃的青春状态干出一番事业，在实现中华民族伟大复兴的时代洪流中踔厉奋发、勇毅前进。

青春，不以山海为远[*]

厦门大学公共事务学院 石 浩

"山与海的距离究竟有多远？"可以很远，2236公里，从南国海滨到北疆戈壁；也可以很近，以心相抵，天涯比邻。厦门大学研究生支教团367名青年，20多年来接续扎根宁夏西海固，用教育扶贫的模式帮助当地拔穷根、摘穷帽，谱写了闽宁一家亲的青春之诗。

在宁夏关桥中学门口有一家小卖部，小小的店面迎来送往了一届又一届学生，也见证了厦大青年的青春接力。马小花、马玲玲姐妹俩就在父母经营的这间小卖部里长大。在她们的记忆里，梦的开端是一抹鲜亮的蓝色。那些穿着蓝色队服的厦大支教老师们会因为孩子的一句"听不懂"而改用舞台剧的方式教授历史；会翻山越岭带辍学的孩子回到课堂；会时常分享武夷山、鼓浪屿和大海的故事。辅导与陪伴、鼓励与帮助，都让姐妹俩朝着"大学梦"不懈奋斗。志

---

[*] 此宣讲作品曾获中共福建省委宣传部主办的"让青春绽放绚丽之花"福建青年宣讲党的二十大精神活动省级一等奖。

之所趋，无远弗届。终于，小花、玲玲相继考入厦门大学，从此，"厦大支教老师教出的'小卖部姐妹俩'都考上厦大哩"成为乡里的佳话，也让支教的意义更加生动鲜活。

支教于我，是用一年不长的时间，做一件终生难忘的事情，也让我更加明白了时代赋予青年的责任。还记得那年初到宁夏，空气干燥到让我一下子流出了鼻血，自来水烧出的浓浓水垢也让我得了急性肠胃炎。可最大的困难还是在课堂上，当我第一次问出"孩子们，你们的梦想是什么"时，我没有听到预想中的"当科学家""当宇航员"，而是"去打工挣钱""去开大车拉货"。甚至一个孩子课后找到我说："老师你能不能借我200块路费，我去打工一个月可以挣3000块钱，挣到了就还你。"看着质朴的孩子，我意识到，扶贫先扶智，扶智必扶志。帮助他们转变观念、增强自信，是比教授知识更重要的事。

于是，我们将"嘉庚"号科考船搬进了课堂，让孩子们第一次通过直播探索海洋世界；我们带他们登上央视《开学第一课》节目，让孩子们在全国人民面前绽放了"歌声与微笑"。我想告诉他们，读书能拥有更多选择的权利，山那边有更广阔的大海。

孩子们的眼里慢慢有了光彩，有了期待。结束支教前，我请孩子们再次写下自己的梦想。当我看到作业纸上一句句"老师，我们厦大见"时，我的眼眶湿润了。我想，种子一旦埋下了，生根发芽还会远吗？

后来啊，考上厦大的"小卖部姐妹俩"就在毕业后回到了家乡，小花成为一位人民教师，玲玲在基层岗位扎根奉献。闽宁山海的双向奔赴，是全国25551名支教队员有理想、敢担当、能吃苦、肯奋斗的青春缩影。一届又一届支教队员在祖国最需要的地方传递知识、播撒希望，用实际行动践行"增强脱贫地区和脱贫群众内生发展动力"，更培育了"乡村振兴的新生力量"。

六盘山、武夷山山山相望，黄河水、闽江水水水共融。闽宁两地的人民依旧携手奋斗，这首青春之诗还将续写更美的篇章！

囊萤有话

闽宁协作是习近平总书记亲自开创、亲自指导、亲自部署、亲自推动的伟大事业，能够作为厦门大学研究生支教团的一名成员，亲身参与到这场跨越山海的闽宁协作中，我倍感自豪。正巧省委宣传部等8个部门联合举办了"让青春绽放绚丽之花"福建青年宣讲党的二十大精神活动，让我有机会把厦大研究生支教团践行习近平总书记提出的"扶贫要同扶智、扶志结合起来"的扶贫论断，20多年扎根宁夏西海固的青春奋进故事搬上舞台，讲给大家听。

我选取了自己在宁夏西海固地区一年支教帮扶的亲身经历，以及当地学生"走出大山又回到大山建设家乡"的鲜活故事为创作蓝本，将闽宁协作的宏大叙事转化为一个个细微而生动的身边故事，传递了闽宁两地"山山相望，水水共融"一家亲的深厚情感，以及厦大支教队员在祖国西北传递知识、播撒希望的青春正能量。在讲故事中说道理、见精神，把闽宁教育帮扶实践活化为可视、可听、可践行的精神力量。

"青"说囊萤

作为厦门大学第二十三届研究生支教团的一员，石浩学长的宣讲让我产生了强烈的共鸣，支教过程的点点滴滴又一次浮现在我眼前，让我热泪盈眶。就像石浩学长说的那样，支教之于我们每一位队员来说，都是"用一年不长的时间，做了一件终生难忘的事情"。孩子们成绩的进步，家访时的真心话，临走前说的"我也要考上厦大"，这一点一滴都是我们所有支教队员无比珍贵的青春记忆。

厦门大学公共卫生学院　段　颖

光影里的青年故事*

厦门大学中文系　冯巧梅

中华文明上下五千年，无论世事如何变迁、时代如何变化，对家国故土的炙热情感始终奔涌在中华儿女的血脉之中，"为天地立心、为生民立命"的使命抱负始终凝聚着中华儿女接续奋斗的力量，这是中华优秀传统文化的核心所在，也是文化传承发展的精魂所系。作为新时代的青年，我们到底该如何讲好中国故事、向世界传播自己的文化？我在斑驳的光影中看到了一个个闪亮的青春故事，找到了解题之钥。

---

* 此宣讲作品曾录制中共福建省委宣传部、中共福建省委教育工委、厦门大学、中共福建省委讲师团联合主办的"'强国有我'青年说"第二季"强国有我　青春向阳"微视频；曾获2022年7月厦门大学"党课开讲啦"微党课大赛校级一等奖。现场版作品曾在2022年4月"把青春华章写在祖国大地上"——厦门大学"囊萤星火"青年讲师团学习《习近平与大学生朋友们》系列报道主题微宣讲活动、2022年5月"在青春的赛道上奋力奔跑"——学习习近平总书记在中国人民大学考察时的重要讲话精神"青春思政微课"、2023年5月厦门大学"囊萤星火"青年讲师团走进厦门逸夫中学宣讲活动、2023年5月厦门大学"囊萤星火"青年讲师团走进厦门一中宣讲活动上进行宣讲。

我看见，古老中国的青春故事，是《觉醒年代》里革命先驱的忧国忧民、奔走呼号。电视剧《觉醒年代》讲述了一段风云激荡的峥嵘岁月，一群满怀爱国深情与报国热情的年轻人，在黑暗中寻找光明，带领懵懂未醒的国人走出迷雾，开启了中华民族的伟大觉醒！他们之中，便有年轻的同胞兄弟——陈延年、陈乔年。

他们是埋头苦干的新青年，受父亲陈独秀"自创前途"家风的影响，半工半读，艰苦度日，却立下鸿鹄之志，双双考入震旦大学深造；他们是拼命硬干的新青年，为寻求救国救民的真理，远赴法国勤工俭学，毅然选择以马克思主义为信仰，投身革命事业；他们是舍身求法的新青年，由于叛徒的出卖，1927年陈延年被捕入狱，遭受百般折磨，却决不泄露党的任何情报，行刑时他以铮铮铁骨、誓死不跪，被敌人乱刀砍死。延年牺牲后，弟弟乔年义无反顾追随兄长的革命步伐，不幸于1928年被捕，最终遍体鳞伤的陈乔年被押往上海枫林桥畔刑场，倒在了一年前哥哥陈延年倒下的地方。

"枫林桥畔待车时，磊落英姿仔细思；血肉欲寻何处是？斑斑点点在红旗！"青年，何谓青年？何谓新青年？跨越千年，中国青年身上不曾改变的正是这份家国情怀，始终流淌的是"热血难凉"的赤子之情。29岁的陈延年、26岁的陈乔年、26岁的赵世炎……这些最先觉醒的、朝气蓬勃的年轻人，为追求信仰慷慨明志、从容赴死，牺牲在最好的年华，但他们所坚守的信念和理想却依然闪耀在广袤苍穹。

我看见，古老中国的青春故事，是《长津湖》里志愿军战士的舍生忘死、壮歌以行。在电影《长津湖》中，我看到了一个年龄和我相仿的小战士，从渔村的顽童，到懵懂的新兵，再到七连第677名战士，经过战火洗礼，他的眼里褪去了青涩和惊慌，注入了坚定不移的胆量和刚强。他的名字叫作伍万里。

我们虽未亲历过大漠孤烟下的金戈铁马、疆场厮杀，却也在中华民族五千年的历史长河中，见证了千千万万"为有牺牲多壮志"的中华儿女为了国家的利益、民族的尊严，挺身而出、前仆后继。"将军百战死，壮士十年归。"没有一个战士生来就是英雄，但当祖国需要的时候，就有无数和伍万里一样的中国青年毫不犹豫地穿上军装，以自己的青春、热血和生命铸成守护祖国的铁壁铜墙。抗美援朝战争期间，共有19万多个平均年龄不到30岁的最可爱的中华儿女血染战旗，长眠在异国他乡。

"当我跨过鸭绿江，看见对面炮火的时候，我的身后就是祖国"，"希望我们的下一代生活在一个没有硝烟的年代"，这是沉睡在长津湖白雪之下的卫国忠魂最大的念想和心愿。

我看见，古老中国的青春故事，是北京冬奥赛场上中国青年的追求卓越、自信开放。冬奥会开幕式上，生养万物的二十四节气、从天而降的黄河之水、"大如席"的燕山雪花……这些千年来我们最熟悉的日常正在以中国人的浪漫、以中华文化的自信、以家国天下的博大情怀，向世界讲述"天下一家"的无疆大爱。会当"凌"绝顶，"翊"览众山小，18岁的谷爱凌、17岁的苏翊鸣，这些"00后"的新青年正代表着中国，向世界发出新时代的最强音。

"眼纳千江水，胸起百万兵"，从"延乔"到"万里"，再到雪中腾飞的"龙的传人"，中国青年的故事在一代又一代中华儿女的讲述和演绎中澎湃，活跃在国家民族的记忆之中。

习近平总书记在庆祝中国共青团成立100周年大会上说道："时代各有不同，青春一脉相承。"我们被这样的中国故事深深感动，因为我们所深沉热爱的是脚下这片960万平方公里的土地，我们所热切关爱的是这样有志气、有担当、有拼搏之心的中国青年。孕育于这片热土的火热篇章，当然要由我们中国人自己书写，中国青年永远是书写中国故事最好的主角，也是讲述中国故事、传播中华优秀传统文化最重要的生力军。

参考文献

1. 龙平平.觉醒年代［M］.合肥：安徽人民出版社，2021.
2. 中共上海市委党史研究室，龙华烈士纪念馆.陈延年画传［M］.上海：上海人民出版社，2021.
3. 王筠.长津湖［M］.长沙：湖南文艺出版社，2012.

囊萤有话

"我们应该如何向世界讲好中国故事?"我总有这样的思考。作为一名中文系的学生,我对于中国传统文化的接触更多、浸润更深,该如何更好地结合自己的专业优势来讲好故事呢?我陷入了沉思。随着《觉醒年代》和《长津湖》的热播,主旋律光影片段作为一种更容易走进观众内心、引起共鸣的方式给我提供了创作灵感。枝干有了,但缺乏一条主线贯穿。指导老师叶秀蓉启发我:"你想想我们的主题是什么呢?——应该是青春的一脉相承和未曾改变的家国情怀。"由古及今,寻找共性,让故事聚合且饱满。作为讲演者的我,只有真实、真切融入故事和情感,才能传达给观众更有触动的共鸣。

"只有先感动自己，才能真正感动他人。"能够以微宣讲的方式让更多人听到青年的声音和力量，是我的荣幸。站在舞台上，当聚光灯汇聚到我身上，我仿佛真正走进了光影里，扛起千百年来青年的使命担当。讲到动情之处，我忍不住眼眶带泪，那一刻，我真正明白了理论宣讲的意义和它带给我的力量！

"青"说囊萤

冯巧梅同学在宣讲中化身为光影里的中国青年形象，串联多个场景并诠释中华儿女之于时代的力量、志向和担当，这点本身十分新颖，是宣讲舞台上的一种创新形式。最让我印象深刻的是陈延年、陈乔年的片段，"枫林桥畔待车时，磊落英姿仔细思；血肉欲寻何处是？斑斑点点在红旗！"听到此处，我不禁感动得热泪盈眶，宣讲者真正打动人心的是用她的情感和故事与观众共鸣！作为新时代的青年，我们应用内心感应时代脉搏，当好讲述中国故事、传播中华优秀传统文化的生力军。

厦门大学医学院　陈茹晴

每一个这样的你我，都是英雄*

厦门大学经济学院　　许　薇

（琵琶演奏：《草原英雄小姐妹》第一段）

少年英雄守中华　草原钢城气如虹

刚刚我所演奏的这首曲子，是《草原英雄小姐妹》的一个片段，它所讲述的是大家耳熟能详的故事。

1964年2月9日早晨，内蒙古达茂旗草原上空，飘散着几片云朵。11岁的龙梅和9岁的妹妹玉荣代父出门放牧。中午时分，天气突变，低垂的云层洒下了鹅毛大雪。刹那间，白毛风吞没了茫茫草原。

---

*　此宣讲作品曾录制中共福建省委宣传部、中共福建省委教育工委、厦门大学、中共福建省委讲师团联合主办的"'强国有我'青年说"第二季"强国有我　青春向阳"微视频。现场版作品曾在2021年12月"百年初心如磐　强国一代有我"——厦门大学学习党的十九届六中全会精神青年微宣讲活动、2023年5月厦门大学"囊萤星火"青年讲师团走进厦门逸夫中学宣讲活动上进行宣讲。

姐妹俩见状急忙拢住羊群，转身往回赶羊。但是狂风暴雪就像一道无形的墙，阻挡了羊群的归路，羊群顺风乱窜。在紧紧追赶羊群的时候，姐妹俩怕在奔跑中失散，便机智地相互高喊名字进行联络。当时她们有着一个共同的信念，那就是别让集体的羊丢掉一只。她们同暴风雪搏斗了一天一夜，竟走出了70多里。从中午一直到第二天天亮，玉荣撑不住昏倒在雪地上奄奄一息，龙梅也好不了多少，但仍撑着跟在羊群后面。而她们放牧的384只羊，仅有3只被冻死，其余安然无恙。

由于冻伤严重，龙梅失去了左脚拇趾，玉荣右腿膝关节以下和左腿踝关节以下做了截肢手术。

在那个夜晚，两位平均年龄才10岁的小姑娘，为了守护集体的利益，用自己的顽强勇敢筑起了钢铁长城。2009年9月，龙梅和玉荣入选"100位新中国成立以来感动中国人物"。回忆起当年，玉荣说："我们生活的那个时代倡导我们活在世界上，不只是为自己而活的。每个人都应该多想想国家、集体和他人，这样的人生也许更精彩。"

青山凝碧曾是血　绿水流辉应为魂

2020年6月，中印边境发生对峙事件，19岁的陈祥榕写下这样的战斗口号——"清澈的爱，只为中国"。当时班长孙涛问他："你一个'00后'的新兵，口号这么'大'？"他说："班长，这跟年龄没关系，我就是这么想的，也会这么做的。"少年自有少年狂，身似山河挺脊梁，他真的说到做到了。

他曾在一次战斗记录中写道："面对人数远远多于我方的外军，我们不但没有任何一个人退缩，还顶着石头攻击，将他们赶了出去。"19岁的年纪，在外军严重违反两国协定协议，蓄意挑起事端之时，他选择守护祖国的昆仑边境线，用血肉之躯捍卫祖国尊严，用青春热血守卫家国平安。

在一次采访中，陈祥榕的姐姐陈巧钗说："当弟弟穿上军装的那一刻，他就不再是一个普普通通的公民，身上肩负的是军人的天职，所以我也很为他感到骄傲。"就在前不久，原本是律师的陈巧钗投笔从戎，报考军队文职。她说："弟弟的精神永远激励着我，我也要用清澈的爱报效祖国。"弟弟未竟的事业，她将继续书写。正如习近平总书记在庆祝中国共青团成立100周年大会上所说："青年又如初升的朝阳，不断积聚着能量，总有一刻会把光和热洒满大地。"

一条网友评论这样写道："黄昏将至，我吃着白米饭，喝着'快乐水'，想不通这些身强体壮的士兵为什么会死。我在深夜惊醒，突然想起，他们是为我而死。"是啊！哪有什么岁月静好，只不过有人在替我们负重前行。没有人民子弟兵的守护，哪有祖国的锦绣山河，哪有人民的美好生活？

擦亮青春底色　书写青春华章

"索我理想之中华、青春之中华，幸勿姑息迁延，韶光坐误。"这是李大钊先生1916年为《晨钟报》创刊号所写的发刊词。自古英雄出少年，在任何一个时代，青年都是社会上最富有朝气、最富有创造性、最富有生命力的群体。

如今，许多"00后"早已褪去青涩，穿上工作服，以衣为甲，成为坚守在抗疫一线的中坚力量。北斗团队平均年龄35岁，探月工程科研团队平均年龄只有33岁，天问一号控制团队平均年龄更是只有30岁，他们已经成为中国航天工业的中流砥柱。

在《习近平与大学生朋友们》系列报道第十七篇里，习近平总书记在看望中国科学院大学师生时指出，"你们年轻人，处于一个伟大的时代，有着这么伟大的目标，可谓生逢其时，为之奋斗吧！看你们的了！"身处百年未有之大变局的新时代青年，生于盛世，也定当不负盛世。无论我们在哪个角落，身担何职，我想说，每一个爱岗敬业、砥砺奋斗的人，都是英雄，都能创造属于自己也属于时代的华彩篇章。

参考文献

1.北疆文化红色印记｜草原英雄小姐妹：一个时代的精神楷模［EB/OL］.（2023-10-30）［2024-3-31］.https://view.inews.qq.com/k/20231030A08KMR00?noredirect=1&web_channel=wap&openApp=false.

2.《长津湖》里的冻土豆，告诉我们今天的幸福来自哪里［EB/OL］.（2021-10-05）［2024-03-031］.https://baijiahao.baidu.com/s?id=1712761570066421881 & wfr= spider & for = pc & searchword =.

囊萤有话

任何一个伟大时代的背后，必然都有一群富有责任感、使命感，勇于担当的青年，他们用行动阐释着时代的伟大，以自身努力承担起国家与社会发展的重任。讲述他们的故事、学习他们的品格、传承他们的精神，以此激励鼓舞如今的中国青年，是我选择这个主题的原因，更是我们作为青年宣讲者的职责所在。

我选取了誓死保护公家财产的"草原英雄小姐妹"龙梅和玉荣，以及以死捍卫祖国领土的边境战士陈祥榕的动人故事。之所以选择龙梅和玉荣姐妹的故事，最初是源于我弹琵琶的特长，《草原英雄小姐妹》是一首琵琶名曲，在最初练习这首曲子时，我了解了作曲的背景故事后，就被姐妹俩的英雄壮举感动，刚巧这次有机会通过宣讲的方式讲述出来，并在宣讲中融入琵琶演绎的元素，这样让我的宣讲更有代入感。我希望通过我的宣讲传达给大家的是，只要我们立足自身、砥砺奋进，每个人都能够成为平凡的小小英雄。

"青"说囊萤

当学姐抱着琵琶走上舞台，我顿时对学姐要分享的故事感到好奇。大珠小珠落玉盘，琵琶声声入耳，一曲奏罢，学姐将一位位平凡但伟大的英雄人物缓缓道来。作为台下的听众，我认为琵琶元素的加入让整个微宣讲"好看"又"好听"；作为讲师团的一员，学姐的讲述形式也给我今后的宣讲以新的启发。青年讲，讲青年，这样一场深入浅出的微宣讲真的既有深度又有趣味!

厦门大学新闻传播学院　徐欣悦

　　我是通过现场直播的方式在线上观看姐姐的微宣讲,真的很精彩、很有意思。平凡的英雄故事让我很感动,姐姐的话语温柔又有力,加上恰到好处的琵琶演奏,使得整场宣讲很吸引人,和我一起在场的小伙伴都在认真地聆听,还不时热情地鼓掌。姐姐的讲述,也让我更加明白,有梦想就要为之奋斗,脚踏实地,不断拼搏,我也能成为"小英雄"。

宁夏隆德四中七年级12班　郜嘉程

新时代青年当用志气、骨气、底气书写科技担当*

厦门大学物理科学与技术学院　方瑞妍

1956年，面对严峻的国际形势，毛泽东在《论十大关系》中提出："我们现在还没有原子弹……在今天的世界上，我们要不受人家欺负，就不能没有这个东西……"可回归现实，当我们还在为制造出第一台国产拖拉机而举国欢庆时，中国人，能搞导弹吗？

＊ 此宣讲作品曾录制中共福建省委宣传部、中共福建省委教育工委、厦门大学、中共福建省委讲师团联合主办的"'强国有我'青年说"第二季"强国有我　青春向阳"微视频。现场版作品曾在2021年12月"百年初心如磐　强国一代有我"——厦门大学学习贯彻党的十九届六中全会精神青年微宣讲、2022年4月"把青春华章写在祖国大地上"——厦门大学"囊萤星火"青年讲师团学习《习近平与大学生朋友们》系列报道主题微宣讲活动、2022年4月"科技报国　吾辈当自强"——厦门大学附属科技中学庆祝建团100周年暨师生"共上一堂思政课"活动、2022年5月"青春心向党　建功新时代"——厦门双十中学庆祝建团100周年暨"大学生与中学生共话青春成长庆五四"主题活动、2022年5月"青春百年路　奋进新征程"——共青团思明区委庆祝共青团成立100周年活动、2022年5月清华大学博士生讲师团"立言计划"第五期高校培训班联合宣讲活动上进行宣讲。

（播放视频：钱学森："陈赓大将跟我谈，他说：'中国人搞导弹行不行？'我那时候正憋着一肚子气呢，中国人怎么不行呢？我说：'外国人能搞的难道中国人不能搞？中国人比他们矮一截？'"）

钱学森的这一肚子气，无关意气、负气，而正是作为中国人的志气、骨气和底气！

什么是志气？

志气来源于情怀。志气是对国家、对民族的忠诚。志气就是心中有国家、心中有人民的家国情怀。

1955年9月，钱学森毅然放弃种种优厚待遇，偕妻儿启程回国。他在公开采访中表白："我打算竭尽努力，去帮助中国人民建设自己的国家，使我的同胞能过上有尊严和幸福的生活。""三军可夺帅也，匹夫不可夺志也。"纵使"路漫漫其修远兮"，然我辈仍将"上下求索"。正是凭着这样一股舍我其谁、志远不畏山高的志气，年轻的钱学森义无反顾地踏上了回归建设祖国的漫漫征程。

什么是骨气？

骨气根植于血脉。骨气是摆脱列强欺辱、走向民族复兴的强大动力。骨气就是坚定信仰、负重前行的刚强不屈。

1949年中华人民共和国成立，钱学森夫妇随即计划回国。可美国政府却无故将其强行扣押关进监狱。抄家、拘留、监视、软禁……5年里美国无所不用其极，却丝毫不能动摇归国心切的游子半分。

这张褶皱泛黄的香烟纸，是钱学森当年辗转多国，方得以寄回国内的求救信，他在信中写道："无一日、一时、一刻不思归国参加伟大的建设高潮……学森这几年中唯以在可能范围内努力思考学问，以备他日归国之用。""疾风知劲草，板荡识诚臣。"正是靠着这样一身骨气，东方巨响、红旗飘扬，年轻的共和国翻开崭新的篇章。

那么，这底气从何而来？

底气来源于能力。底气是运用自身真才实学为社会进步做贡献。底气就是有坚定执着的理想信念和追梦路上实现一番作为的能力。

显然，钱学森这样说是有十足底气的。

作为"一人能顶五个师"的顶尖科学家，即便在被软禁、受监视的5年里，他依旧完成了著作《工程控制论》，开创出一门新的技术科学。

另外，这底气来源于党和人民的信任与支持。尽管当初的国内条件十分贫瘠，但党中央迅速调拨了一支十万人的工程部队，在荒无人烟的沙漠上，昼夜奋战出我国第一块"两弹"试验基地。

正是在这片土地上，钱学森用自己最前沿的火箭知识和科学思想，创造出"五年归国路，十年两弹成"的神话。

在后来的采访中，钱老曾这样感慨："人民说我为国家、民族做了点事，就是最高奖赏！"手中有本领、心中有人民，便是每一个中国人最大的底气！

纵观共和国科学技术的艰难探索，从"两弹一星"到北斗、蛟龙，从杂交水稻到量子科技与通信……党带领人民用几十年的时间，走完了西方发达国家几百年走过的工业化历程，展现出令世界惊叹的中国速度、中国力量。

对于那时的青年，他们的志气，是迎难而上，"千磨万击还坚劲，任尔东西南北风"；他们的骨气，是家国在胸，"强项折腰谁曾见，遗恨台海远浮蓬"；他们的底气，是脚踏实地、求真务实、自强不息，"竟将云梦吞如芥，未信君山铲不平"！

从雪域高原到荒滩戈壁，从一穷二白到全面脱贫，中国青年凭借自己的志气、骨气、底气，凝聚力量，攻坚克难，用科学家精神装点祖国大地，为把我国建设成为世界一流科技强国打下了坚实基础。

习近平总书记在庆祝中国共青团成立100周年大会上指出，"奋斗是青春最亮丽的底色，行动是青年最有效的磨砺。有责任有担当，青春才会闪光。青年是常为新的，最具创新热情，最具创新动力"。新时代青年要把科学报国的"论文"写在祖国大地上，在攀登知识高峰中，牢固树立创新科技、服务国家、造福人民的思想，用创新奋斗书写青春华章。

志高霄汉近，梦广天地小。我们的征途，是星辰大海！

参考文献

1. 毛泽东.论十大关系［J］.文史哲，1976（4）:8-25.

2. 彭明.从五四运动看人民群众在历史上的作用［J］.哲学研究,1979(4):3-10.

3. 周溢潢.中美会谈与钱学森回国：关于中美之间40年前达成的一项协议［J］.世界知识，1995（11）:18-20.

4. 于景元.钱学森的科学思想和科学精神［J］.上海交通大学学报（哲学社会科学版），2005（3）:26-33.

5. 本书编写组.习近平与大学生朋友们［M］.北京：中国青年出版社，2020.

囊萤有话

作为物理科学与技术学院的学生，我试图通过钱学森这位"中国导弹之父"的故事来回溯、重温、承继科学家精神。记得我首次登台宣讲是在2021年12月11日，而这一天，恰逢钱学森110周年诞辰，时间是如此的巧合，也是我对这位伟大前辈科学家的一种致敬。

我是讲师团的第一批成员，不知不觉加入讲师团已经3年，我常常在想，宣讲究竟带给了我什么呢？我想，是信念，是良师益友，是对物理专业更明晰的确定，是对青年担当更深入的理解，是受益终身的收获和成长。习近平总书记曾说，思政课要把道理讲深、讲透、讲活，要达到沟通心灵、启智润心、激扬斗志的目的。回想起来，一次次的筹备、打磨，给予我对专业知识、科研素养、伟大精神等更深入的体悟；而我也渐渐意识到，从我到听众到未来更多人，从学习到传播到启迪新一轮探索，从继承到发扬到新的赓续，其本身，就是这场"绵绵用力，久久为功"的思想接力。"囊萤星火"青年讲师团于我而言，绝不仅仅是几场宣讲，它承载了太多的东西：它是一颗沙砾有幸从奔腾浪花群里被淘出，是朝夕相伴的悉心栽培与指导，是并肩作战、志同道合的珍贵友谊，是源源不断的动力和认可，是机遇、挑战、综合提升，是每当想起都会觉得活力满满的存在，是成长与获益，是出发的地方。

"青"说囊萤

跟随瑞妍同学的讲解，展现在我眼前的，是以钱学森等先辈们为代表的中国科研工作者以身许国加入祖国原子能事业建设队伍的豪情壮志，是亿万青年在科学家精神指引下投身于科技强国事业的毅然决然；是功不唐捐、玉汝于成，更是大国脊梁、国士无双！身为核能物理预备军，我愈发深刻感悟到在那个艰苦卓绝的时代，是他们树立起了我国核弹工业的一座座丰碑，是他们赋予了泱泱大国屹立于世界东方的坚硬底气。茫茫戈壁滩磨不灭拳拳爱国心，艰难困苦无损于满腔报国志，只有当所学知识切实转化为便民利国实效，科学才可真正称为科学，学习方才有了意义和价值。

同为青年宣讲人，我们应该向瑞妍同学学习，与时代同向同行，为时代立言立行，讲好当代科技工作者沿着先辈足迹、满怀家国情怀的奋斗故事，助力推进党的创新理论"飞入寻常百姓家"。

清华大学博士生讲师团　龚柯钱（副团长）

让青春在乡村振兴的广阔舞台上"起舞"*

厦门大学管理学院　丁颖洁

不知道大家是否见过这个茶杯？

（展示茶杯）

在厦门大学百年校庆期间，这款茶杯接待了上万名师生校友和四海宾朋，同时，它还搭乘厦门航空，跟随航班飞到全球各地。今天，我就想和大家一同分享这个小小茶杯的故事。

故事要从2019年的夏天说起，管理学院"青选至"暑期社会实践队来到福建泉州永春的茶园开展实践调研。泉州永春水质纯净，土壤条件得天独厚，孕育了当地的特色——永春佛手茶。

---

　　* 此宣讲作品曾录制中共福建省委宣传部、中共福建省委教育工委、厦门大学、中共福建省委讲师团联合主办的"'强国有我'青年说"第二季"强国有我　青春向阳"微视频；曾获2021年6月"坚定跟党走　奋进新时代"福建省高校思政微课大赛特等奖。现场版作品曾在2022年5月"在青春的赛道上奋力奔跑"——厦门大学"囊萤星火"青年讲师团"青春思政微课"活动上进行宣讲。

在茶农何志江的带领下，我们在茶园体验了茶叶从采摘到炒制的全过程。当我们还沉浸在采茶趣味时，何叔告诉我们，越来越多的永春老茶农已经放弃老本行了。由于"投入多、收入少"，加之佛手茶行业人才流失、缺乏宣传，卖不上价钱。面对生存压力，很多茶农改种名气更大的铁观音，甚至放弃茶园。

看到如此好的茶，只能低价贱卖，我们决定要做些什么。可我们又能做些什么呢？

"不能让祖祖辈辈养活的茶断根！"朦胧的想法，像种子一样在我们心里扎根。"既然无品牌、无市场、缺宣传，只能被低价收购，那我们就用专业知识为茶叶赋能。"经过一番调研，我们满怀信心地告诉何叔，会帮他把佛手茶从大山深处带到大众视野。起初，何叔对我们并不是太信任，但随着我们一次又一次上山下山调研，何叔看到了我们的真诚和用心，才有了更多的信任感。

在日常生活中，由于泡茶流程烦琐、冲沏麻烦，茶叶与快节奏的生活拉开了距离。基于这些痛点，我们团队决定开发一种即冲即饮的茶叶产品。于是我们开始设计便携茶杯，将茶叶放在一次性纸杯底部，中间用玉米纤维膜隔开，只要将热水直接加到水杯中就可以喝到热茶。这样一冲一泡，十分简单便捷。我们学法律的同学还连夜钻研，草拟文书，注册商标；学艺术设计的同学一笔一画地绘制包装设计图。经过两个多月的打磨，一款全新包装、造型简约独特的带茶杯的"青选茶"就诞生了。

2020年9月，我们带着"青选茶"，满怀信心地前往参加深圳第八届中国公益慈善项目交流展示会，在"消费扶贫产品馆"宣传团队故事，推介甄选我们的青选茶。然而，现实却给我们泼了一杯冷水，同样的推介词，5天里我说了不下200遍，换来的大多是市场对我们在质量和定价上的质疑——"茶很香，但没听说过这个牌子，有什么质量保障吗？""你们的产品挺有特色的，但价格太贵了，不划算！"我们带去展会上的20箱茶，只卖了不到5箱。

收拾好茶杯，收拾好心情，我们再一次出发。我们认真总结经验教训，分析展会上消费者提出的质疑，逐一攻破。环境与生态学院的同学连夜检测，联系政府相关部门出具佛手茶的质量说明书；管理学院的同学广泛调研市场；艺术学院的同学走进山林一住就是好几天，了解故事、寻求灵感，为佛手茶赋能增值，拓宽销路。

虽道阻，幸得助，我们也得到了来自学校的助力和支持。市场营销、电商运营专业的老师们为我们提供指导，2019年感动中国人物美籍教授潘维廉老师担任项目代言人为产品进行直播，一小时卖出3000多杯。凭借传播中国茶文化故事的初心，"青选茶"还入选了厦航36周年庆特别纪念产品，2000杯小小的"青选茶"随着航班飞到全球各地，小产品闯出了大市场。

2021年8月，我们再次来到永春，枝头的"绿叶子"真的变成了老百姓致富的"金叶子",何叔和乡亲们的喜悦之情溢于言表,同学们也格外开心。佛手茶探路成功后,我们将思路应用到其他小众茶品中,号召更多的厦大青年学子加入我们。目前,我们已经走进了11个省27个乡镇,开发出福州茉莉花茶、长汀藤茶等5款"青选茶",实现了销售额72万元,为茶农直接创收22万元。一村一茶一味道,好茶走出了深山,走向了更大的舞台。

一百多年前,李大钊先生振臂高呼的声音激荡人心:"青年呵!速向农村去吧!"百年后的今天,乡村振兴,呼唤青春力量,伴随着乡村振兴战略的实施,"到基层去,到农村去"也成了新时代青年人的一股新潮流。

如果你问我为什么"青选至"团队能干成,我想,最重要的是葆有一颗不忘记为什么出发的热爱之心。"乡村、自然才是人的根",我的家乡在江西南昌,那儿有红土地、故乡情。作为"青选至"团队中将回到家乡的一员,再过两个月我将毕业回到家乡成为一名基层选调生。我将把为人民服务,把"自找苦吃","扑下身子为老百姓工作"作为第一信念,秉承"自强不息,止于至善"的厦大校训精神,俯下身子、迈开步子、撸起袖子,把基层、把乡村作为成长的广阔舞台,在全面建设社会主义现代化国家新征程中勇当开路先锋、争当事业闯将。牢记习近平总书记在庆祝中国共青团成立100周年大会上对广大青年的殷切嘱托,"培养担当实干的工作作风,不尚虚谈、多务实功，勇于到艰苦环境和基层一线去担苦、担难、担重、担险，老老实实做人，踏踏实实干事"。年轻的小伙伴们，让我们一同在乡村振兴的广阔舞台上携手共舞吧！

囊萤有话

我是厦门大学"青选至"团队一员，从2019年的暑期社会实践开始，我们开启了以茶助农新模式探索。可降解纸杯、健康茶叶、便捷冲泡等产品设计理念，都是我们团队成员学以致用，用以惠民的创作理念实践。用心把知识从课本带出来，用行动把信念在土地上种下去，这是众多厦大学子努力奋斗，用自身所学助力乡村振兴的写照，更是无数中国青年以真心铸就、用奋进书写青春故事的缩影。

理·响
——厦门大学"囊萤星火"青年讲师团实录

在成为"囊萤星火"青年讲师团成员后，我毫不犹豫地选择了把我们自己的故事搬上舞台，讲给更多的朋辈们听，也希望以此激励更多的有志青年不惧风雨、勇挑重担，把青春投入党和人民最需要的地方。现如今，我已经毕业，成为一名投身家乡建设、乡村振兴的基层选调生，也实现了我在宣讲中的誓言："俯下身子、迈开步子、撸起袖子"，在乡村振兴的广阔舞台上"翩翩起舞"。

"青"说囊萤

习近平总书记在看望中国科学院大学师生时曾经指出，"你们年轻人，处于一个伟大的时代，有着这么伟大的目标，可谓生逢其时，为之奋斗吧！看你们的了！"对此我深有感悟，在听完了颖洁同学的宣讲后更平添勇气与胆气。当代中国青年人是充满创造力与韧劲的一代，让佛手茶走出深山、让土产品走向世界，"自讨苦吃"不只停留在口头上，而更体现在跋山涉水、扎根大地的那一个个奋进身影上。

厦门大学医学院　王朝伟

最初了解到"青选至"的故事，是在厦门大学的视频号里。丁颖洁学姐的"青春思政微课"所吸引我的，不仅是漫山绿色的美丽茶园，还有那群脚踏实地运用知识才干实现乡村振兴的同龄人们。这些人深深感染着我，也在我心中播下了一颗小小的种子。

后来，心里的种子慢慢发芽，我有幸加入了"青选至"团队，在搜集资料和实地调研的过程中，我体会到中国茶文化的独有魅力，也更加明白将乡村振兴落到实处的不易。再后来，我成为"囊萤星火"青年讲师团的一员，在台上继续讲述"青选至"的励志故事。

就这样，屏幕前的小小听众成了故事的亲历者、讲述者。每每在与台下目光交汇的瞬间，我便更加坚信一定会有人和曾经的我一样，在心中播下一颗青春奋斗的种子。在未来的某一天，这颗种子会在乡村振兴的土壤中扎根，会在祖国大地的田野上发芽。

厦门大学管理学院　董智丽

传 · 青春工作志

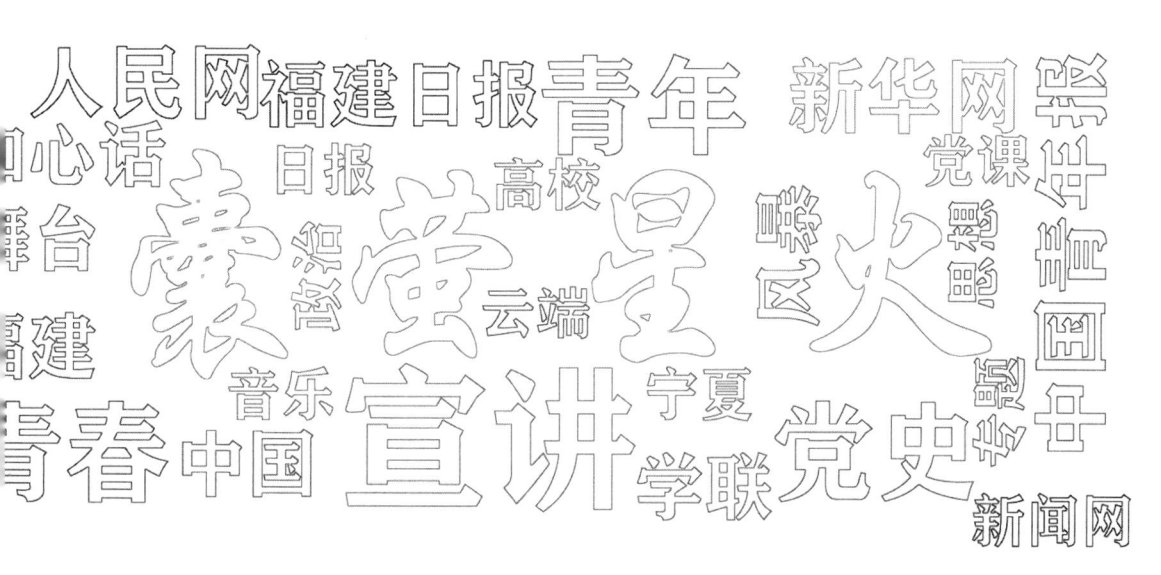

厦门大学"囊萤星火"青年讲师团，积极开展线下宣讲活动，同时，结合青年特点，积极拓展网络空间，借助多媒体，用"青言青语"传递中国故事，在我校团属新媒体，开辟《青春思政微课》专栏，进行常态化学习、宣讲。

2021年5月成立至今，厦门大学"囊萤星火"青年讲师团已陆续推出"学习《习近平与大学生朋友们》""学习贯彻党的二十大精神"等7大主题90余个微课程，开展各类宣讲350余场次，录制示范性线上宣讲课程28讲，覆盖线上线下听众共计近80万人次。

2021年，讲师团赴贵州苗寨进行社会实践，在实践过程中，创新地采取"歌曲+影音"结合的方式，记录实践全程，原创MV《星火黔行》在腾讯视频等10余家媒体平台播出，全平台浏览量20余万人次；社会实践也得到中国青年报、中国青年网、贵州日报等10多家主流媒体报道，并获得2021年全国大中专学生志愿者暑期"三下乡"全国优秀实践团队荣誉称号。

2022年开学季，讲师团参与省委宣传部、中共福建省委教育工委、厦门大学和中共福建省委讲师团联合主办的"'强国有我'青年说"第二季"强国有我 青春向阳"主题宣讲活动，以"短视频+微宣讲""线下+线上"相结合的方式开展，在"学习强国"平台推出8条宣讲短视频，同时在近300个新媒体网、端、号及覆盖全省的5.2万多个"学习强国"乡村大喇叭播发，累计视频播放量破千万，音频播放时长超百万分钟。

青年讲师积极参与各种宣讲比赛，走上更大舞台。讲师团成员安鸿洁在"喜迎二十大 青年'说'变化"青年宣讲比赛中获三等奖，宣讲视频《茶乡来了总书记》在"青春厦大"视频号播出；石浩和潘月涵参加"让青春绽放绚丽之花"——福建青年宣讲党的二十大精神活动，与全省各系统、各领域优秀青年同台竞技，经过初赛、半决赛、决赛，从近百支参赛队伍中脱颖而出，最终分别获得一等奖和三等奖的佳绩，宣讲视频《青春，不以山海为远》和《青春赛道上的一粒好种子》上线"学习强国"平台和"青春厦大"公众号。

厦门大学"囊萤星火"青年讲师团宣讲活动、成长动态也获得了众多主流媒体的关注：央视新闻、光明日报、新华网、中国青年网、福建日报、宁夏日报、贵州日报等中央及地方媒体对讲师团进行的专题宣传、报道多达百余次；讲师团经验做法两次入选中宣部《党史学习教育简报》，以及《共青团推进习近平新时代中国特色社会主义思想"青年化"阐释工作案例选编》。

本篇章将呈现部分精选的主流媒体宣传报道。

强国有我　青春向阳

——这些故事感染着我们

新华网　2022年9月3日

日前，福建省委宣传部、省委教育工委、厦门大学、省委讲师团结合2022年秋季开学，联合开展"'强国有我'青年说"第二季"强国有我　青春向阳"主题宣讲活动。

有责任有担当，青春才会闪光。8位来自厦门大学"囊萤星火"青年讲师团的成员，围绕迎接党的二十大，用精彩故事讲述因奋斗而闪亮的热血青春。

此次宣讲活动以"短视频+微宣讲""线下活动+线上宣讲"相结合的方式开展。主题宣讲活动旨在进一步激发新时代青年学子牢记殷殷嘱托，胸怀"国之大者"，练就过硬本领，不负青春、不负韶华、不负时代，争做堪当民族复兴重任的时代新人，以实际行动迎接党的二十大胜利召开。

厦门大学：青年微宣讲
让六中全会精神"声"入人心

中国青年网　2021年12月16日

"决议集结大智慧，回顾党的光辉史；两个确立明方向，十个坚持定好位！""国之'大'者，就是守护人民的安全感、获得感和幸福感！""一口红军井，映射中国共产党人百年不变的初心和使命！"……近日，厦门大学党委党校第85期党的基本知识学习班课堂上迎来了一批"95后""00后"青年授课讲师，他们以"百年初心如磐，强国一代有我"为主题，融入说书、快板、魔术、短视频、琵琶演奏等青年喜闻乐见的形式，为现场听众带来了一场党课盛宴。

从1940年陈嘉庚的延安之行，到小康路上的幸福密码；从钱学森跌宕曲折的回国之路，到"大国重器"带给我们的自信和力量；从闽宁对口帮扶协作的山海情缘，到让青春在党和人民最需要的地方绽放绚丽之花……8位青年学生讲师或现身说法，讲述身边的故事，或提炼总结,把高深的理论娓娓道来,用接地气、有温度的语言把六中全会精神蕴含的大道理转化为一个个生动的小故事,让师生们坐得住、愿意听、用得上。

"如果提前了解了你要面对的人生,你是否还会有勇气前来?"来自法学院的车晓轩引用电影台词首先抛出了这样一个问题。随后,她带领大家穿越百年时空,回到中国共产党诞生的岁月,通过讲述革命烈士方志敏和战斗英雄张富清的故事,展现共产党人的精神品质。

"崇尚英雄才会产生英雄,争做英雄才能英雄辈出……"来自经济学院的许薇的微宣讲"每一个这样的你和我,都是英雄",以一段《草原英雄小姐妹》琵琶演奏开场,让大家耳目一新。公共事务学院商兆岩身穿大长褂,在讲台上打起了快板、变起了魔术,以说书形式演绎"中国的希望在延安"的背后故事。建筑与土木工程学院朱雪晴带来的微宣讲"中国桥梁映射党的百年奋斗史",讲述百年来中国桥梁建设者们如何将一次次不可能变为可能。

来自药学院的余哲炜是厦门大学第21届研究生支教团的一员,他宣讲的主题是"一个寻找入党初心的故事"。在短短十几分钟内,他以一名教育扶贫志愿者的亲眼所见和亲身经历,分享了党中央精准扶贫政策为西部地区带来的变化。

微宣讲主题鲜明、内容丰富,台上宣讲员声情并茂,台下听众凝神倾听。"讲师团的宣讲说到我的心坎里了!作为一名入党积极分子,我要坚定听党话跟党走的理想信念,用奋斗为青春上色,接好新时代'接力棒'。"在聆听了微党课宣讲后,来自人文学院的郑少卿深有感触。

"青年理论宣讲要从大水漫灌实现精准滴灌，通过以小角度链接、选身边人参与、促常态化开展，才能有效提升理论宣讲的吸引力和感染力、针对性和实效性。"厦门大学团委副书记梁振伟表示。

据了解，厦门大学"囊萤星火"青年讲师团成立于2021年5月，成员由46名青年学生骨干组成。自12月11日起，讲师团将通过进支部、进公寓、进社团、进网络等形式，开展巡回宣讲，进一步扩大宣讲的影响力和辐射力，推动六中全会精神在青年学子心中生根发芽。

手风琴里的山海情缘：
厦门大学青春音乐党课赴宁夏巡演

中国新闻网　2022年8月1日

由厦门大学"囊萤星火"青年讲师团、研究生支教团和艺术学院文艺先锋团组成的暑期社会实践队，日前以宁夏红色历史故事和闽宁对口扶贫协作为内容，用手风琴的旋律和曲韵，走进宁夏永宁

县和隆德县的乡镇、社区、学校和红色景区，为当地村民、师生和游客带去8场次"手风琴里的山海情缘"青春音乐党课。

为让音乐党课富有"乡音"，青年讲师团成员在行前用了一个多月时间研究学习宁夏当地方言，深挖宁夏当地"身边人""身边事"，将党课宣讲内容转换为"乡音方言"。

在手风琴曲目选择上，实践队员精心挑选大众耳熟能详的红色歌曲和地方经典民歌，让宣讲融入文艺表演中，确保当地老百姓愿意听、听得懂、听得进。

在闽宁镇原隆村、隆德县张树村和杨河乡的文化广场上，音乐党课在雄壮的《红旗颂》合奏中拉开序幕。整场音乐党课分为"红色记忆""青春向阳""山海情缘""同心筑梦"四个篇章，以手风琴演奏贯穿始终，结合青年讲师团成员的深情讲述，把党史、脱贫攻坚奋斗史和音乐融为一体。

在每个篇章解说环节，青年讲师团成员石浩和林波岑用地道宁夏方言和听众们互动，亲切的话语迅速拉近与当地村民之间的距离，赢得阵阵掌声。

厦门大学研究生支教团作为闽宁对口扶贫协作援宁群体的重要成员之一，自1999年至今已有345名优秀毕业生来到宁夏接力教育帮扶工作。

厦门大学艺术学院也与闽宁中学签订共建实习实践基地协议，并捐赠了12台手风琴进行音乐教育帮扶。

实践队指导教师、厦门大学艺术学院音乐系副主任郑静雅教授表示，手风琴体积小巧灵活、方便携带、音色丰富，更容易走到学生中间去实现"边走边弹边唱"，对宁夏孩子们的音乐素养、审美能力以及德智体美劳全面发展具有较好的促进作用。

实践队带队老师、厦门大学团委副书记梁振伟表示，此次厦大师生充分挖掘音乐当中的思政教育元素，通过"红色党课+手风琴演奏"的形式，将丰富的红色经典音乐作品、福建民歌和西北民歌以及原创音乐融入主题宣讲之中，引导听众在艺术欣赏中感受山海情缘、感悟闽宁精神。

厦门大学"囊萤星火"青年讲师团党史专题宣讲集体备课会召开

全国高校思想政治工作网　2021年5月17日

"囊萤之光：百年前的'00后'何以成为我们的榜样""从红色经典中传承英雄情怀""士兵突击：青春在军营中闪耀"……这一个个主题是厦门大学"囊萤星火"青年讲师团成员精心拟定的宣讲题目。这支由46名青年学生组成的讲师团，是校团委为深入学习贯彻习近平总书记致厦门大学建校100周年贺信精神，在团员青年中扎实推进党史学习教育，持续深化"青年大学习"行动而组建的。在迎接建党100周年的重要时刻，他们将进支部、进社团、进公寓、进社区、进网络，以"青言青语"讲述党的故事、英雄故事、身边榜样的故事，努力形成一批接地气、冒热气、聚人气的宣讲"金课"。

5月15日，"囊萤星火"青年讲师团在颂恩楼215会议室举行党史专题宣讲集体备课会，马克思主义学院副院长原宗丽教授围绕"如何备好课、上好课"为讲师团成员作了专题指导，并以讲授"党史人物解读：邓小平的传奇人生与政治智慧"为例进行了示范性宣讲。

如何引入话题，让理论宣讲一触即燃？"开场白聊起当下热点话题，贴近听众的学习、工作和生活，才能抓住听众的注意力。""宣讲要重在讲'为什么'，而不是'是什么'，宣讲的过程要有辩证思维，立意要高，以小见大，才能把问题讲透彻。""在宣讲时要聚焦'小点'，将人物和事件的来龙去脉讲清楚、讲透彻，在结尾要总结提升。要站在大的立场上讲小事情，让听众明白大道理。""要注重古今贯通，在讲'老历史'的同时，也要将其与新成就相结合。"

一个半小时的专题培训，从宣讲主题的选择到备课素材的搜集，从宣讲开篇的切入结尾之处的升华，从受众不同的语言转换到语音语调的轻重缓急，干货满满的指导让讲师团成员们受益匪浅。

培训结束后，师生们展开了热烈的交流讨论。校团委副书记梁振伟认为："青年讲师团的宣讲主要是青年人给青年人讲，不求面面俱到，不求宏大叙事，要更多地运用通俗的语言、充满画面感的讲述来分享故事和细节。在内容上应突出'小而美'，在表达上应突出'鲜而活'，在传播上应突出'短而快'，让理论宣讲更具青年范、更富时代味。"经济学院覃才修同学认为："宣讲是一种语言交流活动，是一门语言的艺术，作为宣讲者要把自己的宣讲当作艺术作品来琢磨，在语言的裁剪和表达上下功夫。"管理学院丁颖洁同学表示："要想给人一碗水，自己要有一桶水。作为宣讲者要把学习当作一种生活方式，第一时间关注党的创新理论，关注党的大政方针，掌握丰富的佐料素材，才能引发共鸣、以理服人。"厦门大学校团委书记曾铮作总结讲话。他指出："党史学习要在'真学真信真懂真用'上下功夫，讲师团在宣讲上要做到'以小见大''以情见真''以形见神'，以小切口承载大内涵、以小故事反映大时代，用青年人喜闻乐见的形式科学阐释'中国共产党为什么能、马克思主义为什么行、中国特色社会主义为什么好'，引导青年认清时代责任和历史使命，厚植爱党爱国爱社会主义的情感，更加自觉地投身新时代新征程。"

宣讲舞台掀起青春风暴

《福建日报》 2023年4月22日第4版

"我的手里有个神奇的宝贝，它很小，小到只有几毫米；它也很大，大到关乎千家万户的饭碗……"舞台上，潘月涵手握一小瓶种子，从粮食安全说起，结合自己在科研路上的酸甜苦辣，解读党的二十大精神。她说："五四青年节出生的我，带着与生俱来的青年属性，愿与所有中国青年同伴一道，做一粒奋力奔跑在青春赛道上的好种子，为守护大国粮仓贡献青春力量。"近日，潘月涵的宣讲视频

《青春赛道上的一粒好种子》在学习强国App上发布，受到成千上万网友的关注。

潘月涵是厦门大学生命科学学院2020级硕士研究生，她还有一个身份——厦门大学"囊萤星火"青年讲师团成员。该团成员全部是在校大学生，他们秉持"青年讲给青年听，让青年引领青年"的朋辈宣讲理念，用创新的形式和容易产生共鸣的故事，向大学生讲述"高大上"的理论。

在前不久举行的第六届省新时代文明实践志愿服务项目大赛决赛中，"囊萤星火"青年理论微宣讲项目获得金奖。该项目实施两年来，已开展数百场宣讲，覆盖大学生4万余人次，系列宣讲视频总浏览量超6000万次。

形式新颖

"囊萤星火"青年讲师团成立于2021年。这一年是中国共产党成立100周年，也是厦门大学建校100周年。为加强大学生思想政治教育，学校团委在年初谋划成立一支面向青年的讲师团，打造"青春思政微课"宣讲品牌。

"讲师团的名字和学校的囊萤楼有关，囊萤楼是福建省第一个中共支部的诞生地，是厦大的重要标志。都说志愿者'聚是一团火，散是满天星',取名'囊萤星火'寓意着宣讲像小小的星火一样,带动更多青年坚定永远跟党走的信念。"讲师团指导老师刘莹介绍,考虑到青年人更知道青年人在想什么、需要什么,因此讲师团的成员全是大学生,希望他们发挥朋辈作用,在宣讲舞台上掀起"青春风暴"。

经过学校内部推荐、招募和面试选拔,46名来自各个院系的大学生成为讲师团首批成员。2021年5月4日,讲师团正式成立,开始了"青年讲、讲青年、青年听"的探索实践。

讲师团成立后,校方聘请专家顾问对成员进行理论知识、演讲技巧等培训,将他们划分至不同课题组,并组织开展研学等实践活动,搜集宣讲素材。

"讲什么尤为关键,大家把理论融入故事当中,根据自己的特点提交稿件,再从中筛选比较有创意的想法。"刘莹表示,和罗列框架、知识要点的传统讲课方式不同,讲师团注重"因人选题""量身定制",结合成员所学专业和特色,采取"个人事迹+思考感悟"的方式,把大学生身边个体"小我融入大我"的真实经历和具体实践作为现实教材,以小切口阐释大主题,从不同角度和层面将理论政策等内容转化为"青言青语""网言网语",力求最大限度实现场景化、生活化、个性化的宣讲。

具体怎么讲?为了产生更好的传播效果,讲师团在呈现形式方面下了不少功夫：每人的宣讲时长尽量控制在8至15分钟，全程脱稿，搭配相得益彰的背景音乐，穿插富有冲击力的短视频，具象化讲述鲜活的故事，并融合辩论、演唱、快板、魔术、戏曲、器乐演奏等青年喜闻乐见的时尚元素，让理论宣讲更有"文艺范"。

2021年6月3日，讲师团在厦门大学思明校区举办了第一场示范宣讲。"受邀前来的观众一开始听说是宣讲，都以为是灌输式的上课，没有太大兴趣，结果现场掌声不断。观众看到了说书、诗朗诵、辩论等表演，普遍反映形式新颖。宣讲结束后，不少人想报名加入讲师团。"刘莹说。此后，讲师团又赴厦大翔安校区和漳州校区宣讲。在漳州校区，他们还将青年中流行的角色扮演游戏融入宣讲，让观众在一步步解题过程中学习党的创新理论知识。

各显所长

台前的耳目一新，往往意味着幕后的别出心裁。

"竹板这么一打，别的咱不夸，夸一夸嘉庚先生到延安了。延安新社会，处处新风光，打了土豪分了田地人民作主了，人民作主了。"讲师团首批成员之一、公共事务学院2019级本科生商兆岩穿着长褂，以一段贯口开场，然后打着快板表现陈嘉庚1940年到延安时受到热烈欢迎的场景。

在这个题为"烽火里的'意外遇见'"的宣讲中，商兆岩说道："陈嘉庚先生与中国共产党的'遇见'是必然的。因为中国共产党的初心是为中国人民谋幸福、为中华民族谋复兴，而像嘉庚先生这样的爱国人士的初心也是救国救民。"在宣讲的尾声，商兆岩用一个魔术让讲述内容更有画面感。"百年来，党与人民风雨同舟、携手共进，逆着烈火灼灼、难关重重，才能共赴这百年来恰是风华正茂的海晏河清、姹紫嫣红。"只见他一边慷慨激昂地述说，一边拿起一根"细棍"点燃，紧接着用手掌包住火焰抖了下手腕，"烈火"瞬间变成了一朵鲜红的花朵。掌声过后，商兆岩声情并茂地说出了结束语："江山就是人民，人民就是江山！"商兆岩来自黑龙江，听着单口相声长大，学过快板，上大学后又研究起了魔术。他的表演既阐释了作为厦大"四种精神"之一的爱国精神，又落脚于时事热点，让观众对"以人民为中心"的发展思想有了更深的理解。

以一段《草原英雄小姐妹》琵琶演奏开场，传达"崇尚英雄才会产生英雄，争做英雄才能英雄辈出"的道理，激励大家做好自己，努力成为各个岗位上的英雄；从汉字讲起，结合自己练习、教授书法的心得，讲述汉字中体现的中国智慧、中国精神，在宣讲过程中用毛笔依次写出"中国精气神"，最后用横幅拉出，向观众传递文化自信……讲师团成员充分发挥自己的特长，为硬核理论套上新颖包装。

更多的学生则是结合专业特色解读最新理论知识，建筑与土木工程学院2020级硕士研究生安鸿洁就是其中之一。没有相声、器乐、书法等文艺特长，该如何让自己的宣讲与众不同？安鸿洁立足专业知识，围绕当时备受关注的北京冬奥会进行策划。她花了一个月时间打磨宣讲稿，接着又反复训练、实践。之后，在厦门市思明区厦港街道，安鸿洁献上了主题为"冰火之约里的'中国式浪漫'"的宣讲。她从冬奥比赛场地的制冰过程讲到首钢的发展，从工业遗址的"重生"说到"雪飞天"的设计灵感，将自主创新、可持续发展理念、中华优秀传统文化等时政热点自然融入其中。

星火燎原

一个个能说善讲的理论宣讲"轻骑兵"、一道道美味可口的理论"佳肴",让"囊萤星火"青年讲师团的名气越来越响、舞台越来越大,他们走出学校,走进机关、社区、中小学,甚至走向省外的广阔天地,将宣讲特长融入社会实践中。

2021年7月,"囊萤星火"青年讲师团走进贵州省黔东南州台江县老屯乡,开展为期一周的党史宣讲主题实践活动。学生们事先搜集当地群众关注的热点话题,在既有宣讲作品基础上开发普法等宣讲课题,融合音乐、戏曲、快板、魔术、舞蹈等元素,在田间地头和民宅中穿梭,与村民们打成一片,让他们在欢声笑语中感悟党史、收获知识。

聚起来能构筑一个阵地,走出去也可竖起一面旗。2021年9月至2022年6月,讲师团成员、公共卫生学院2022级硕士研究生段颖到宁夏一所中学支教。其间,她既与队友们一道给学生作宣讲,还面向当地学生开展播音、写稿等方面培训,引导他们自己宣讲红色故事,并协助校方成立校园电视台,让孩子们在模拟演播中收获自信。回到厦大后,段颖将支教经历融入宣讲中,在同学们心中播下支教的种子。

目前，讲师团已开发推出"学习《习近平与大学生朋友们》""学习《闽山闽水物华新——习近平福建足迹》""学习贯彻党的二十大精神"等七大系列90余个微课程。为了扩大宣讲效果，讲师团还应省市宣传部门邀请，录制《"强国有我"青年说》《青年讲党史》《百年恰是风华正茂》等线上节目，打造24小时全天候课堂。系列宣讲视频的全媒体平台浏览量超6000万次。在累计336场次"青春思政微课"的示范带动下，越来越多大学生积极向党组织靠拢，并更加自觉主动关注中西部地区和基层。

"'囊萤星火'青年讲师团是我校在大思政课格局体系下，发挥青年思想引领作用建立起来的学生骨干队伍，讲师团的探索是加强党的创新理论'青年化'阐释的重要实践。"厦门大学团委书记洪海松表示，下一步，讲师团将以主题教育为契机，结合五四青年节等节点，不断打磨新作品，持续走进大中小学思政课堂，与省内外各高校密切联动，让青年影响更多青年，带动更多青年。

党史宣讲要讲进百姓心坎里

——厦门大学"囊萤星火"青年讲师团走进台江县老屯乡报效村

《贵州日报》 2021年8月9日第6版

"各位父老乡亲们，民法典里藏乾坤，大家听我捋一捋……"近日，厦门大学"囊萤星火"青年讲师团的9名队员走进贵州省黔东南州台江县老屯乡报效村，手拿《民法典》，用朗朗上口的顺口溜给20多名村民进行普法宣讲。

"党史宣讲就是要说进百姓的心坎里去！"在老屯乡报效村和长滩村，厦门大学"囊萤星火"青年讲师团开展了为期一周的党史宣讲主题实践活动。

如何让百年党史故事"飞入寻常百姓家"？这是讲师团队员们一直在思考的问题。

为了让宣讲更有"土味"和"鲜味"，队员们事先联系上苗寨当地的大学生，通过他们广泛搜集当地群众关注的热点话题，并结合各自专业特长认领宣讲课题。队员们各出"奇招"，在宣讲形式上融合了音乐、戏曲、快板、魔术、舞蹈等时尚元素，搭建起了"板凳课堂""田间歌会""红色喇叭"等特色宣讲平台，用通俗易懂的语言让村民们听得懂、记得住、有所悟，大大增强了党史宣讲的吸引力和感染力。

宣讲中，队员们不拘舞台、不限场合，走进一片片麦田地，穿梭于一座座吊脚楼，与村民们"打成一片"，一起交流学习党的发展历程，共同探讨乡村振兴之道。

"山路变成了四通八达的高速公路，土坯房变成了整齐划一的小楼房；村民走下了'天梯'，走上了楼梯，开起了民宿……"刚刚从

宁夏海原支教回来的厦门大学"囊萤星火"青年讲师团队员林宇阳对脱贫前后的乡村变化深有体会，他一边向村民们展示一张张精心搜集的新老照片对比，一边讲述着新中国成立后党的农村政策演变。

"竹板一打叮当响，党的历史讲一讲。囊萤星火照四方，红色革命永不朽……"厦门大学"囊萤星火"青年讲师团队员商兆岩的快板说书一亮相，就在村民中引发了阵阵掌声。"福建省第一个党支部1926年在厦门大学诞生，大家知道历史上第一个少数民族党支部是在哪里成立的吗？"队员们还不时抛出问题，并为抢答正确的村民们送上了厦大百年校庆礼品，让村民们在欢声笑语中感受党史学习的魅力。

"厦门大学的学生们讲得很有趣，刚才那位小伙子用说书形式讲的罗扬才烈士故事，我听得很仔细，回去我要讲给我孙子听，让他从小就知道这些英雄的事迹，长大后也要为国家建设做贡献。"长滩村的杨大姐听完队员们的宣讲后，竖起了大拇指点赞。

"有了党的扶贫政策，才有我们今天的幸福生活。我们长滩村是'全国脱贫攻坚先进集体'，我们的'十户一体'在全国都有名呢！"在与队员们的座谈交流中，长滩村原党支部书记李平洲激动地说道。

"以前很多村民都前往广西砍甘蔗，挣了钱回来盖起了'甘蔗房'，现在由我牵头的养蜂业也慢慢在村民中普及开来了，如今我们的生活就像蜂蜜一样甜。"报效村书记李发阳在谈到村里的发展规划时，眼里闪烁着光。

"唱支山歌给党听，我把党来比母亲；母亲只生了我的身，党的光辉照我心……"晚饭过后，报效村的"大喇叭"响起了一段段美妙的旋律。队员李奕凡和肖仲宏当起了"红色播音员"，通过村里的广播为村民们带来了一堂"艺术党课"。

在宣讲党史的同时，队员们还结合"我为群众办实事"活动，将惠民政策解读、法律知识普及、苗寨建筑文化、垃圾分类科普等纳入板凳课堂内容，并主动参与到手工刺绣、蘑菇采摘、垃圾清理、文化墙彩绘等劳动实践中，让党史宣讲与群众生活、休闲娱乐、日常关注有机融合，真正做到接地气、润民心。

厦门大学"囊萤星火"青年讲师团成立于2021年5月，由46名厦大青年学生骨干组成。讲师团立足青年视角，紧扣党史学习教育主题，以"青言青语"把充满时代味的宣讲送到群众身边。截至目前，讲师团已在校内外开展各类宣讲100余场次。

"青年讲师团要善于'看人下菜碟'，只有符合老百姓的'胃口'，宣讲才能真正走深走心走实。"厦门大学团委副书记梁振伟说。

厦大讲师团
为宁夏4万师生"云端"宣讲

《宁夏日报》 2022年12月27日第4版

"中国道路，映射一个大党的如磐初心。这条繁华大道，通往伟大复兴！""无论什么时刻，无论身处何方，你的身边有我们，你的背后是祖国……"近日，厦门大学团委组织该校研究生支教团和"囊萤星火"青年讲师团开展"奋斗正值青春，强国复兴有我"主题青春思政微课，"95后""00后"青年讲师通过"云端"为宁夏4万余名中小学师生宣讲党的二十大精神，有深度的党课赢得师生欢迎。

"汉字就是一道光，中国人所有的知识、思想、情感都通过汉字一代代流传下来……"来自厦门大学公共事务学院的青年讲师杨圆圆在"从汉字中窥见中华文化的'精气神'"的宣讲中，用书法文化讲述中华优秀传统文化蕴含的精气神。"说起'核'这个名词，大家会想到什么呢？"来自能源学院的青年讲师刘一静首先抛出了问题。

随后，她带领大家回顾了中国核工业的发展史，通过介绍"华龙一号"，阐述了先进、安全、高效的核电事业对碳达峰碳中和战略的重要作用。

来自公共事务学院的青年讲师石浩也曾是厦门大学研究生支教团的一员，他宣讲的主题是"一个寻找初心的故事"，讲述了在支教帮扶中找寻初心的经历，分享了红军战士为老百姓打井取水的故事，

诠释了中国共产党人为中国人民谋幸福的初心。

青春思政微课主题鲜明、内容丰富，远在千里之外的宁夏师生被讲师团成员的宣讲深深吸引。海原县关桥中学七年级8班学生冯小芸说："今天和同学们一起观看了厦大哥哥姐姐们的宣讲，特别是石浩哥哥讲的红军井故事，就发生在我的家乡。通过他的讲述，我更加明白了当年红军为什么会给我们祖辈打井取水。我要像厦大的哥哥姐姐一样，坚持梦想，不断在求知的道路上努力前进。"来自隆德四中七年级12班的郜嘉程说："通过聆听厦大哥哥姐姐们分享的故事，我知道只有奋斗才能成就梦想，只有奋斗才能实现自身价值。"

在宁夏支教的第24届研究生支教团成员赵歆仪表示:"在本场青春思政微课中,我们跟随青年讲师团一起领悟党的二十大精神,再寻初心使命。作为研究生支教团的一员,我要以更加积极昂扬的奋进之姿投入支教服务工作中,助力闽宁协作,助推乡村振兴,让青春在祖国最需要的地方绽放绚丽之花。"

海原县教体局团工委书记虎小云表示,组织师生观看这堂党课,不仅使学生更好理解党的二十大精神的内涵和实践要求,也坚定了他们只有奋斗才能实现梦想的信念。

读懂习近平总书记讲给青年的"知心话"

——厦门大学开展《习近平与大学生朋友们》系列报道"青年微宣讲"活动

福建省学联公众号 2022年4月10日

"科学无国界,科学家有祖国。钱学森曾发誓要用自己的学识改变中国人的命运,新时代青年要以钱学森为榜样,立崇高理想,树报国之志,把论文写在祖国大地上。"在4月3日举办的厦门大学"囊萤星火"青年讲师团走进党委党校第86期党的基本知识学习班课堂上,来自物理科学与技术学院的"00后"本科生方瑞妍结合自身专业和学习《习近平与大学生朋友们》系列报道的感悟,通过线上和线下相结合的方式,为1500余名学员带来了一场以"新青年当用志气、骨气、底气书写科技担当"为题的青春思政课,引发了强烈共鸣。

当天的"青年微宣讲"活动中,还有4名讲师团成员进行了示范性宣讲。建筑与土木工程学院研究生安鸿洁围绕"志存高远,行循自然"八个字,从北京冬奥会制冰师以及赛场上运动员的拼搏奋斗故事讲述"冰火之约里的'中国式浪漫'";公共事务学院本科生商兆岩从《校董会主席习近平勉励我们弘扬嘉庚精神》采访实录说起,讲述了陈嘉庚先生与中国共产党"烽火里的'意外遇见'"的不解情缘;人文学院研究生冯巧梅首先抛出了我们应该如何向世界讲好中国故事的提问,并从《习总书记勉励我们"把中华优秀传统文化传播到五湖四海"》一文中给出了答案——中国青年是讲好中国故事的生力军;法学院本科生张锐作为厦门大学第24届研究生支教团成员即将前往宁夏进行为期一年的支教,他分享了"闽宁对口扶贫协

作"的暖心故事，认为青年人要在基层、在祖国最需要的地方"自找苦吃"。新颖多样的宣讲形式、深入浅出的理论解读、直抵人心的榜样故事深深打动了与会的青年师生。

"每位成员15分钟左右的宣讲，搭配相得益彰的音乐、图片、视频等，'接地气'又干货满满，说到我的心坎里去了。"公共事务学院林波岑同学在朋友圈里评论道。

"瑞妍同学分享的钱学森科技报国故事对我触动很大，习总书记说'核心技术是买不来的'，作为人工智能专业的青年学子，我们要努力学习、勇于探索，今后为破解信息技术领域'卡脖子'难题贡献自己的一份力量！"在聆听宣讲后，来自信息学院的詹翁怡深有感触。

对青年讲师团而言，开展宣讲的过程也是自我教育的过程。"在读《习近平与大学生朋友们》一书时，我好似聆听着习近平总书记对大学生的殷殷嘱托，真切感受到习总书记与大学生的亲密无间，深深认同总书记所说的'生逢其时、重任在肩'，我觉得自己需要把这份使命和责任传递给更多身边人。"讲师团成员安鸿洁说。

一段时间以来，厦门大学团委依托主题团日、团干上讲台、双周政治理论学习等机制，引导团员青年原原本本阅读、真真切切领悟、实实在在践行，在全校掀起了《习近平与大学生朋友们》系列报道大学习、大讨论的热潮。"《习近平与大学生朋友们》系列采访实录是我们学习习近平新时代中国特色社会主义思想的鲜活教材，读懂了习近平总书记讲给青年的'知心话'，当代青年就能找到砥砺奋进的时代坐标。"厦门大学团委书记曾铮表示。

后 记

300多个日日夜夜，总计12万余字关于"囊萤星火"青年讲师团星火相聚的文章，无数热情支持、默默奉献的幕后英雄……这些背后是我们孜孜不倦的追求：以"囊萤"青年之力，传递青年之声，将党的温暖和爱护送到青年心坎上，让青年带动青年，青年引领青年。我们希望呈现在读者面前的这本书，能够娓娓讲述厦门大学"囊萤星火"青年讲师团如何汇聚星火、点亮星火的故事，如何逐步实现"点亮一盏灯、照亮一大片"的良好成效。正是每一位老师、同学的辛苦付出，"小囊萤们"才能够充分挖掘自身才能，围绕党的重大理论观点、重大战略思想、重大决策部署，设计主题宣讲课程，用"青言青语"做好党的创新理论"青年化"阐释和"青年味"解读，引领广大青年坚定不移听党话、跟党走，在新时代新征程中挺膺担当，充分展现厦大青年作为新时代青年的思想精神风貌。

每一篇"青春思政微课"宣讲稿的完成，乃至汇集成册的本书的出版，都要感谢厦门大学团委的老师们，他们在每一个微课程的文稿提纲、内容呈现、表达方式等各方面都提出了很多宝贵的意见和建议；感谢讲师团的"小囊萤们"在撰写过程中的倾情付出，有的直接参与编写，有的协助提供素材，有的逐字逐句对文稿提出中肯的修改意见。当然，我们最应该感谢的是古往今来优秀的中国青年，"时代各有不同，青春一脉相承"，正是他们给予了我们的"青春思政微课"源源不断的素材来源。微宣讲课程的发布和传播，离不开每一位有理想、敢担当、能吃苦、肯奋斗的中国青年，是他们点亮一盏灯，照亮了一大片灿烂的星河。

在又一个五四青年节来临之际，在这个属于青年人的火红5月里，我们编写了记录厦门大学"囊萤星火"青年讲师团成长的青春纪念册，既是对每一届"小囊萤们"用"青言青语"播撒理论星火、唱响青春梦想的回顾与记录，更是对未来继往开来，与新时代同向而行的展望与期待。本书在编辑过程中得到了许多厦大共青团干部和每一届"囊萤星火"青年讲师团成员的支持，由吴光锡、刘莹、刘雨婷、杨圆圆、陈茹晴、高贵阳完成统稿工作，段颖、商兆岩、林衍含、梁怡婷、徐欣悦、刘雅茹进行了本书的编辑和校对工作，晏振宇、文静、林清、许温洁提供了相关文稿内容的支持，毛延延、林宇阳、何敏、余天泽、马志远、白懿彬以及记录每场活动的摄影师们提供的图片支持，要感谢的人很多，无法一一列举，请见谅。

未来，"囊萤星火"青年讲师团将继续发扬"青年讲、讲青年、青年听"的朋辈宣讲效应，进一步扩大和拓展宣讲舞台，利用寒暑期社会实践、专业田野调研、支部固定党日等活动契机，走出校园，去到祖国广阔天地当中，让青年理论宣讲如同点点萤火照亮寻常百姓家。我们希望在育人育己的成果之上，让越来越多的青年大学生积极向党组织靠拢；也希望有更多的同学到祖国最需要的地方去，让奋斗成为青春最靓丽的底色！

"青春孕育无限希望，青年创造美好明天。"时代总是把历史责任赋予青年。在新的历史征程上，我们既面临着重要发展机遇，也面临着前所未有的困难和挑战。实现全面建设社会主义现代化国家的第二个百年奋斗目标，实现中华民族伟大复兴的发展目标，需要广大青年坚定理想信念，铸牢听党话、跟党走的立身之本和政治之魂，用思想的力量攻坚克难、勇担重任、艰苦奋斗，在强国建设、民族复兴伟业中挺膺担当。

未来，我们将持之以恒地践行"双向教育"宣讲目标。青年带动青年，坚定理想信念、培育高尚品格、练就过硬本领、勇于创新创造、矢志艰苦奋斗，同所有中国青年一道，在矢志奋斗中谱写新时代的青春之歌；青年团结青年，扎根中国大地了解国情民情，在创新创业中增长智慧才干，在艰苦奋斗中锤炼意志品质，在亿万人民为实现中国梦而进行的伟大奋斗中实现人生价值，用青春书写无愧于时代、无愧于历史的华彩篇章；青年携手青年，坚定前进信心，立大志、明大德、成大才、担大任，在全面建设社会主义现代化国家、全面推进中华民族伟大复兴的宏伟征程中书写新时代中国青年的光辉篇章！让青春在为祖国、为民族、为人民、为人类的不懈奋斗中绽放绚丽之花！

本书编委会

2024年5月